平凡人生写华章

何 征 / 主编

中国出版集团　现代出版社

图书在版编目(CIP)数据

平凡人生写华章 / 何征主编. — 北京：现代出版
社，2021.10

ISBN 978-7-5143-9608-9

Ⅰ.①平… Ⅱ.①何… Ⅲ.①教学研究－文集 Ⅳ.
①G420-53

中国版本图书馆CIP数据核字（2021）第227781号

平凡人生写华章

作　　者	何　征
责任编辑	袁　涛
出版发行	现代出版社
地　　址	北京市安定门外安华里504号
邮政编码	100011
电　　话	010-64267325　64245264
网　　址	www.1980xd.com
电子邮箱	xiandai@cnpitc.com.cn
印　　制	北京政采印刷服务有限公司
开　　本	710mm×1000mm　1/16
印　　张	9.5
字　　数	171千
版　　次	2022年4月第1版　　2022年4月第1次印刷
书　　号	ISBN 978-7-5143-9608-9
定　　价	45.00元

第一部分 教 学 篇

第二部分 育 人 篇

1

第一部分

教学篇

初中语文课堂如何引入小组合作竞争机制

河源市紫金县尔崧中学　黎　武

近几年，很多地方都在学习并引进学习小组这一教学模式，这是从属于杜郎口中学先学后教的模式，这种模式有其成功之处，也有很多学校效仿。我认为其最突出的教育理念是以学生为主体、教师为主导，和现行的教改方向是一致的，在调动学生自主学习的积极性上起到了一定的推动作用。

几年来，我坚持在课堂教学中运用学习小组模式，整个课堂看起来是挺热闹的，学生的参与度挺高，整体成绩也有一些进步，我认为这与引入的学习小组模式有很大的关系。由此看来，这个模式有值得推广的必要。

但据我观察，在运用学习小组模式的过程中还存在一些不足，如学优生、中等生、学困生间的分水岭越来越明显。这对学生全员参与的调动有一定的影响，对课堂教学活跃度也产生消极的作用。

在教学中，绝大部分教师都是采用填写表格给积极参与学习活动的小组加分的评价方法。我认为这个评价方法存在一些问题：①组内成员学习能力分配不太均衡，导致某些小组成绩突出，而其他一些小组就黯然失色；②学习小组内，学优生成了组内的主角，而原本的中等生被边缘化，学困生就更没有发挥的余地；③让原本就偏科的学生找借口学某科或不学某科。

那么，怎样才能解决这些难题呢？我认为，关键是要找到一个让全部学生都能很好地参与到课堂中去的方法。首先，我们应考虑学生自身的特点，特别是初中生，他们正处在长知识、长身体的最佳阶段，最渴望得到老师、同学的认可，每当得到老师、同学的肯定评价就很兴奋，思维活跃，身心愉悦；其次，我们的方法要有语文的特色，既充分体现语文特点，又能体现学生勤奋学习的价值。所以我认为，在学习小组的基础上引入合作竞争机制，有组与组之间的合作竞争，也有组内成员之间的合作竞争，并对学优生、中等生和学困生有不同要求，尽量调动他们学习的积极性。

下面我结合自己的教学实际，谈谈如何将小组合作竞争机制引入我们的语文课堂。

1. 明确组织学习小组

小组的组成原则上要求成绩和纪律要全班均衡分配，人数每组6至7人，设两名综合能力强的学生做小组长，引领组内成员参与课前预习和课堂学习。

2. 把课前预习加入评价机制当中

课前预习要设立一个评价表来监督学生预习，在课堂学习中，学生要进行小组展评、教师检查。当达到教师的预习要求时，可以给该组学生晋升一个等级，这样可以调动学生预习的积极性。

3. 按学生层次设置晋升等级

为了充分调动学困生的学习积极性和培养他们的思维能力及胆量，可以设计综合能力强的组长发言只晋升一个等级，而能力没那么强的组员发言则晋升两个等级，这就可以避免整节课都是学优生的表演舞台的现象。在研讨问题时，小组长首先要问其他成员的意见，而后说出自己的意见，然后归纳总结出答案，这也可以避免小组学习是学优生的舞台，要求全体学生都要参与到学习中来，更好地调动学生合作探究、共同进步的团队协作积极性。

4. 灵活安排话语权

当一个问题同时有几组同学一起举手时，我们可以先随机叫一个小组回答问题，其他小组如果还有不同意见，可以按当前的排名顺序进行回答或补充，也可以让后面的小组对前面回答的小组进行评价，回答正确或评价合理也同样给予相应的晋升等级。

5. 设立长效评价机制

这个评价方法应当设立长效评价机制，对累计一周得分最高的一组给予

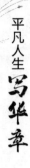
职务任命。职务由低到高分别有县令、通判、知府、总督、巡抚、丞相。一周获胜的任命为县令，累积两周获胜就晋升一级，以此类推，最高级别为丞相。

6. 制作级别台牌

买一些会议时用的塑胶斜立牌，用电脑及红色或彩色的纸张打印出一些级别的名称装进去，放在每一个副组长的桌子上让其统计，每晋一级就换一个牌子，晋两级就换两个牌子。一个立牌有两面可以用，也就是一个组需要四个牌子，八个小组就需要三十二个牌子。如果还想经济一点，也可以让学生用硬纸皮自己做。但等级纸片要厚一点，再用铁丝把等级纸片穿在用纸皮制成的立牌上面，然后让学习小组自己起一个小组名字。

7. 奖杯轮流制

给每一节课最后获胜的小组颁发奖杯，下课时给他们颁奖，让他们接受老师和同学们的掌声与鼓励。到下一节课再把奖杯收回来重新进行评比，这样就能让学生每节课都充满激情地投入学习当中。

小组合作学习不仅有利于学优生的发展，更有利于激发中等生和学困生的学习热情。这种方法可以有效激发学生学习的积极性、主动性和创造性，使学生主动参与到课堂讨论、课外实践活动等教学活动中来。学生动起来了，才能体会到语文的魅力，渐渐地爱上语文，从而提高他们的综合能力和语文素养，这样就到达了教学的目的。

初中语文新课程改革反思及策略研究

河源市江东新区临江中学　简莉玲

在初中教学过程中，语文作为传统教学科目，一直占据着重要的地位。语文是其他学科的基础，对于提高学生的综合能力有着重要的促进作用。现阶段，新课程改革后初中语文教学仍存在问题，因此对当前语文教学模式进行深入反思以及提出相应的改进策略具有重要的意义。

一、初中语文教学过程中存在的问题

1. 语文教学与生活脱节

现阶段，听、说、读、写的训练主导了初中语文的教学。于是，语文教学和生活脱节，语文在训练中失去了人文素养，在训练中失去了多姿多彩的情趣，学生只能在茫无际涯的题海中作战，在漫天飞舞的试卷中遨游，裹在训练的衣袍中不能自拔。在这种情况下，教师不能保证学生在生活实践中对语文的体验。

2. 对语文学科的孤立

语文基本是从文字到文字，成为学科内自成的知识体系，所以学生毕业后，很难把语文和其他基础学科知识联系起来应用到日常生活中去，也很难用语言来表达自然现象或事物本质。语文新课程改革推行了好几年，但是在实际运用中，在教学资源、师资力量等方面存在困难的情况下，我们的语文教学改革仍然无法正常顺利地进行下去。

3. 语文教学重形式轻内容

在推进初中语文教学改革过程中，部分教师片面地认为，新课改的一切基本教学理念都是要促进学生的发展，错误地认为要做到以学生自己为学习主体，就要讨好学生，让他们快乐无压力。这一发展趋势表现在初中的语文教学过程中，就是过于注重语文教学形式，忽略了最终的语文教学效果。随着现代信息技术的快速发展，多媒体教学技术越来越多地运用于初中语文课堂教学。多媒体教学因其生动、直观、趣味等主要特征，既能有效地调动学生的学习积极性，又能丰富广大学生的语文素材，弥补语文教学的缺陷，促进语文教学的改革。然而，教师过度使用多媒体教学甚至滥用多媒体设备进行教学，同样存在很大的弊端，即易将多媒体教学的过多应用等同于教学手段、教学方法、教学理念的进步。

二、提高初中语文教学质量的策略

1. 正确把握语文教育的特点

在语文教学过程中，教和学是并存同步的，即教师懂得因材施教，学生能够勤学好问，遵循接受学习与探究学习并重的原则。语文的教学过程既是教师对课本内容理解的一个现场展示，也是与学生共同理解、探索、发现的过程。教师准确的教学引导，能够让学生高效地汲取知识，同时也能够提高学生的文学素养与接受知识的能力。此外，教师也应根据教学内容创设教学情境，这不仅能够激发学生的学习兴趣，而且能够培养学生的审美鉴赏能力，让学生从多角度思考问题，从而达到导与学和谐统一的目的。以部编版八年级语文上册《回忆我的母亲》为例，教师应引导学生善于观察日常生活中母亲的行为，创设问题情境，结合学生的所感所想，引起学生的情感共鸣，从而在学习过程中达到与作者感情统一的目的。

2. 加强与其他学科的联系

语文课程是一门充满人文内涵的课程，教师应该注重学生语文素养的培养与发展，其对学生的精神领域具有广泛的社会影响。学生对各种语文素材具有不同的理解与阅读感受。因此应充分发挥语文社会熏陶力和感染力的作用，注意语文教学内容的核心价值意识取向，充分尊重学生的主观体验。此外，语文是其他学科的基础，教师应将语文和其他基础学科知识联系起来表达自然现象或事物本质。以部编版八年级语文下册《壶口瀑布》为例，教师可结合相关地理知识，抓住景物的特征，讲述壶口瀑布形成的原因，从而让学生更深层次地体会到瀑布的形状、态势及宏伟。

3. 倡导自主、合作、探究的学习模式

学生是课程的主要参与者，是教学的对象。每位学生都有自己的优缺点，通过了解掌握学生知识水平高低、接受知识的能力强弱及个人性格的差异性因材施教，是差异化教学的基本要求。语文课程更是如此。通过差异化教学调动学生的积极性，培养学生的学习兴趣，激发学生的求知欲，从而激发学生的求知精神和进取精神，倡导自主、合作、探究的学习模式。教学理念的落实，学校管理的完善，教师组织能力的提高，评价模式的优化，能够有效地促进这种学习模式的形成。以部编版七年级语文上册《皇帝的新装》为例，教师应充分尊重学生的个性化差异，结合不同学生的特点，组织学生进行角色扮演（皇帝、官员、小孩），调动学生的学习积极性，让每位学生都能够积极地融入课堂，从而促进自主学习、小组合作、深入探究模式的形成。

三、结语

综上所述，教学反思在初中语文教学过程中具有重要的意义，教师应该正确把握语文教育的特点，从学校、教师、学生、评价模式等多方面提高小组合作学习的质量，建设开放而有创新力的语文课程，从而为进一步提高初中语文教学质量奠定基础。

参考文献

［1］李洪哲.初中语文新课程改革反思及策略研究［J］.现代语文（教学研究版），2010（5）：153–154.

［2］王丽红.新课改背景下对初中语文教学的深度反思［J］.青春岁月（学术版），2014（5）：48.

初中语文阅读写作一体化教学方法初探

河源市和平县实验初级中学　何 征

一、目前初中语文阅读和写作训练中存在的问题

1. 传统的教学观念影响了学生阅读兴趣和想象力的提升

在现在的语文课堂教学中，传统的教学观念对教师还有着很大的影响，尤其体现在阅读方式的教学上，以听和读为主的阅读方式仍然是语文阅读教学的主要侧重点，教师并不注重学生自主阅读能力的培养。部分教师虽然明白阅读对于语文教学的重要性，也设置了相关的阅读课程，但是总担心学生的理解能力有限，不敢放手。在阅读课堂上侧重讲方法、讲技巧、讲阅读与考试相关内容等，并没有将阅读的主动权交给学生。这种教学方式导致学生没有大量时间自己去探索阅读的乐趣、创作的乐趣，缺少独立思考的时间，在阅读教学中不能够自己理解和体会更多内容的写作手法与写作思路，从而严重限制了学生写作想象力的提升和对写作手法的理解与运用。

2. 阅读教学方法单一导致阅读完整性和高效性的缺失

目前的初中语文阅读教学主要是以精读法为主。精读法要求学生对一字一句进行逐一阅读、准确鉴赏，这种方法只适用于比较碎片化的阅读，没有良好的阅读和写作氛围，更缺少有效的阅读交流。因此，这种方法不能让学生更多、更快地积累写作素材，让学生的阅读缺乏完整性，既不利于对所阅读内容的完整理解，也不利于写作水平的提升。

阅读的教学策略要求教师引导班级形成良好的阅读和创作氛围，但就目

前而言，教师对阅读氛围营造的重视程度还远远不够，阅读之后学生之间的交流也比较少，教师对学生自主阅读的干预太多、引导太少，没有培养学生之间交流的习惯。

3. 写作训练与阅读教学分离使得两者不能相辅相成、齐头并进

部分教师没有把握好写作教学和阅读教学的关系，没有将二者有效地联系起来。阅读教学只讲对文本内容的理解、主旨的概括、人物的形象等，即使对写作特点进行提炼也只是为考试服务。写作教学只狭隘地讲解写作技巧的运用，如注重写作中排比、比喻等修辞手法的综合运用，以及欲扬先抑或是以小见大写作手法的使用、文章段落结构采用排比段式或小标题式等，对于学生普遍存在的素材缺乏和语言贫乏现象视而不见。这样将阅读与写作割裂开来的做法，导致学生在文章写作上思路结构千篇一律，文章的想象力和丰富度不够。要想有效提升学生的写作水平，拓宽学生的写作思路，必须将写作训练与阅读教学有机结合，通过有效阅读的方式开阔学生的眼界，积累写作素材，同时通过阅读来理解和学习他人的写作手法，挖掘学生的想象力，而不能只是让学生的写作停留在简单的写作技巧运用上。

二、初中语文组织阅读写作一体化教学的有效策略

1. 利用整本书阅读方式，挖掘学生想象力，提升学生积极性

改变传统的阅读方式，通过整本书阅读方法改善学生阅读和写作现状，让其在阅读的全面性、积极性和丰富度上都有所提升。在阅读课堂上，除了听和读之外，教师还要创新教学方法，利用信息技术等高科技手段适当添加新的元素进入课堂，提升学生对于阅读的主观能动性，挖掘学生创作的想象力和兴趣。例如，教师可以根据学生的写作需要和兴趣特点推荐适合他们阅读的课外书籍。

经典名著《西游记》《水浒传》就是不错的选择，教师可以在课上通过PPT进行书籍的介绍，对写作的手法和技巧进行介绍，也可以选取其中几个比较吸引学生的故事片段进行讲解，还可以播放相关动画或微课视频来激发学生的阅读兴趣。学生对书籍的部分内容感兴趣之后就会进一步对整本书进行阅读，使学生在阅读中对作者的写作技巧进行深入体会，让书籍的内容开

发学生的想象力，充分引起学生的阅读主动性。在阅读完《西游记》《水浒传》之后，教师还可以给学生介绍其他类似的书籍，如《三国演义》《儒林外史》等，感兴趣的学生就会进一步拓展阅读。这种由一个故事拓展到整本书，再由整本书扩展到其他书籍的阅读方法，能够由点到面地培养学生的阅读习惯和写作能力，让学生的写作思路和想象力更丰富。

2. 课内课外相结合，扩充学生知识面，积累写作素材

整本书阅读的最大优点是能够使阅读更有完整性。现在的初中语文教材经常会有某篇课文摘选自某篇报道或者某部名著的现象，教师在课堂上讲解以及学生在学习此类课文的时候，学习的内容只能局限在这一节选部分。然而，对于学生语文素养的积累来说，这是远远不够的，要想让学生写作的素材更加丰富，教师需要引导学生通过大量完整的阅读来积累知识和素材。

在初中部编版七年级教材《阿长与〈山海经〉》这一课的教学过程中，学生通过自己的阅读和教师的讲解对文中人物有了一定了解，但是只通过这一篇课文对《朝花夕拾》这本回忆性著作的了解毕竟是有限的。为了让学生在写作素材积累上更加科学完整，教师必须引导学生围绕《朝花夕拾》进行整本书的课外阅读，对鲁迅的回忆录进行更细致的了解。否则，当学生在写作中运用到鲁迅和这本著作相关素材的时候就不能有准确完整的表达。所以，教师在完成课堂教学之后，还应该引导学生对《朝花夕拾》进行完整的阅读，进行课内外阅读的结合，以课内阅读为切入点，引起学生的兴趣；以课外阅读为拓展，辅助课内阅读的理解，扩充学生知识面，帮助学生积累写作素材。

3. 利用群文阅读方法，有效培养学生的写作技巧

利用群文阅读的教学方法不仅能够促进学生对于课文内容的知识掌握，还能够提升学生的阅读和写作技巧。群文阅读最大的优点就是举一反三，让学生对同类文章的写作技巧理解得更加透彻，运用得更加娴熟。在教学中，笔者对于学生的要求主要有三个方面：第一，根据文章情况进行精读、速读和略读，以单元为主题进行训练；第二，让学生拓展阅读，对类似的风格或写作特点的文章进行阅读；第三，引导学生将同类文章所运用的手法运用于学生写作训练中，提升学生的写作水平。

4. 注重阅读成果展示，营造阅读和写作氛围

学习整本书阅读和群文阅读方法之后，教师还可以组织学生对自己阅读的成果进行展示，促进学生间的交流与沟通。例如，学生可以对自己在《西游记》中印象深刻的故事发挥想象力进行描述讲解，这种交流既能发挥想象力，也能让学生对于素材进行重复记忆。教师还可以让学生分组交流自己利用群文阅读方法学会了哪些写作技巧、原文是怎么用的、自己可以怎样使用这些手法等。除此之外，教师还可以引导学生运用自己积累的素材和写作手法，尝试小段文章的写作比拼，让学生学以致用。阅读成果的展示能够帮助学生获得成就感。学生通过交流自己的阅读体会，产生共鸣，也有利于营造良好的阅读和写作氛围。当然，教师在成果展示和心得交流的过程中也要给予学生正确的引导与适当的鼓励。在这种积极氛围和鼓励的影响下，学生的阅读积极性会变得更高。

三、结语

总而言之，在初中的阅读教学和写作活动组织上，教师一定要结合自己的教学实际，运用包括整本书阅读和群文阅读在内的新的教学方法，课内外阅读写作相结合，通过提升学生的阅读技巧来提升写作水平，注重阅读和创作氛围的营造。

参考文献

王沛. 初中语文整本书阅读教学设计研究［D］. 上海：上海师范大学，2018.

读写结合在初中语文教学中的应用

河源市和平县实验初级中学　何　征

语文学习主要由听、说、读、写四大部分构成，其中读和写之间有着密不可分的联系。因此，初中语文教学要摆脱传统应试观念的束缚，使课堂变得生动、活跃，结合学生的自身发展规律丰富阅读内容，培养学生养成良好的阅读习惯；重视读写结合，在阅读教学中穿插写作训练，激发学生探究总结写作方法的热情，使学生充分感受阅读和写作的乐趣，从而达到学以致用的目的。

一、读写结合在初中语文教学中的应用现状

对于刚刚步入初中的学生来说，面临的第一道难关就是不能迅速适应初中的学习环境。为了帮助学生克服课业压力，初中语文教师不能局限于单一的教学模式，而要善于综合运用多种教学方法来活跃课堂气氛，激发学生学习的兴趣。

传统的初中语文教学常常忽略知识点之间的关联，教师基本上是将阅读与写作割裂开来进行教学，这样不利于学生有效提高语文核心素养。对于学生而言，小学语文的学习内容较为简单，阅读的文章通常具有较强的故事性；而初中生需要对古诗文进行大量的背诵，同时阅读的文章类型变得多样化，学生需要通过阅读文章从中体会作者的所思所想，领悟作者采用的各种写作方法并将其运用到自身的写作当中，这对学生提出了更高的学习要求。然而遗憾的是，多数初中语文教师在教学时没有注意到这一关键点，阅读与

写作各自为政，从而导致初中语文课堂效率不高，学生的阅读与写作水平低下。

为了避免上述现象的发生，初中语文教师要给予学生正确的引导和帮助，培养学生的逻辑思维能力和自我学习能力，使其可以结合自身特点制订与其相符的学习方案，在反复的写作和阅读中归纳出适合自己的写作方法。尤其要注重初中生思维逻辑的培养，因为清晰的思维逻辑将在写作过程中发挥必不可少的作用。将读写相结合的教学方法移入初中语文课堂，可以大大提高课堂效率，使学生感受到语言文字的魅力，帮助其构建清晰的语文逻辑框架。

二、读写结合的教学方法在初中语文课堂的具体应用

1. 结合教材内容拓展学生的阅读量

首先，要想写好一篇作文，丰富的阅读量是基础。刚刚升入初中的学生，其阅读量远远达不到要求，所以初中语文教师要结合教材内容、学生的年龄特点以及学习状况，为学生推荐与其相适应的书籍，从而丰富其知识储备。在学生阅读文章的同时，要教给他们阅读的方法，比如学会"不动笔墨不读书"，将其认为优美的词汇和语句进行摘抄与记录，并注意总结归纳文章的写作手法，从中领悟该写作手法的意义所在。需要注意的是，虽然初中生的自主学习能力相对于小学生有所进步，但是一个良好的习惯养成需要21天，作为初中语文教师要帮助学生养成积累词汇的好习惯，这一过程是循序渐进的，不可急功近利。

其次，教师在展开阅读教学时要讲求适度原则。众所周知，拓展学生阅读量的前提是首先完成基本的教学内容，所以过量的阅读反而会适得其反，给学生造成无形的压力，不利于正常的教学。例如，教师在讲解《皇帝的新装》时，可以让学生阅读与该文章内容相近的故事，如成语故事《掩耳盗铃》《指鹿为马》等，并且教师在阅读过程中注意正确引导学生，使其能真正读懂《皇帝的新装》所表达的意义。

最后，教师要有意识地在阅读课堂中展开写作训练。在阅读教学的课堂上，教师要让学生明白读写之间是有关联的，让学生知道语文知识不是零散

第一部分 教学篇

的片段，而是一个相互联系的知识网。学生要懂得温故而知新，学习阅读新知识、新方法的同时，要注重通过写作训练对阅读知识和方法进行温习与应用。如可以让学生进行读后写作，根据其对文章的理解写课后感悟。这样一来，不但可以加深学生对该篇文章的记忆，还可以帮助学生锻炼写作能力，从而达到一举两得的教学目的。

2. 结合阅读教学训练有效的写作方法

语文不仅是基础教育课程体系中的一门重点教学科目，还是人与人之间交流的工具。写作就是人通过文字来表达自身想法的一种方式。

莎士比亚说，"一千个读者就有一千个哈姆雷特"，这表明不同的人对同一篇文章有不同的见解。刚刚步入初中的学生，其心智还处于一个发展的关键阶段，每一名学生都是独立的个体，具有很强的可塑性。然而，传统的初中语文读写教学不重视学生的个性解读和感悟，教师在课堂上一味照搬教参上的解读，灌输写作的方法与技巧，事实上，学生并没有真正领悟到文章的精髓。

由此可见，初中语文教学不应该采取大通铺式的教学法展开读写教学，而是要让学生学会表达自己内心的真实想法，从而构建属于自己的有效写作方式。

"等闲识得东风面，万紫千红总是春。"在语文的大花园里，每一部作品的写作特点与方法都不尽相同，教师可以让学生通过阅读作品进而总结归纳作者的写作手法与特点。比如，《紫藤萝瀑布》这篇文章采用托物言志的手法，状物描写细腻又有层次感。而很多学生在描述景物时存在着层次不够清晰、逻辑混乱的问题，教师可以引导学生通过学习作者如何进行描写紫藤萝瀑布，从中总结作者描写景物的写作方法并能为己所用，在今后进行景物描写时，就可以采用该写作手法，使自己的作文内容更加丰富多彩。

教师要善于启发学生对文章进行深度解读，在剖析文本的过程中注意观察学生的学习状态，增进师生之间的互动，及时了解学生的学习情况。因为刚从小学升入初中的学生，在学习过程中更依赖教师。为了帮助学生摆脱对教师的过多依赖，教师要带领学生多进行写作，鼓励其大胆表达自身想法。比如在深入学习鲁迅先生的小说《孔乙己》后，让学生按照"为什么挨打——挨打的场面——挨打的后果"来安排小练笔《孔乙己挨打》的结构，先写孔乙己偷偷翻墙入丁宅；被抓了现行后，先打后写服辩，写了服辩后竟还是被打断腿扔到大门外。这时，教师可以启发学生打破常规思维，运用倒叙、插叙等手法巧妙安排全文，学生思考后形成文字进行交流，比一比谁的安排更巧妙。在阅读教学中，教师可以通过上述方法，让学生从文本解析中领悟写作的魅力。

当然，随着信息技术的不断发展，人们了解新鲜事物的渠道变得多样化，同样，学生的阅读也不仅仅局限于书本上的内容，他们可以通过电视或者互联网等渠道来拓宽自己的视野，所以教师也要结合生活实际不断创新读写教学模式。当今初中生普遍存在着对生活认识不深的问题，往往拿到一个作文题目后，不知道从何下手，因此初中语文教师要帮助学生建立良好的写作环境，在阅读课上让学生深度体会文章中的优美片段和富有哲理的金句，从中领悟人生哲理，并能自觉将这些人生哲理应用到实际生活中，在平凡的生活中感受不平凡的人生，启发学生勇于发表自己对生活的独特见解，激发学生的写作热情。

三、结语

读和写相结合的教学模式打破了传统教育理念的束缚，尊重了初中生的发展规律，使初中语文各个知识点相互连接，拓宽了学生的知识面，增加了初中生的阅读量，学生能够从平凡中发现伟大，从真实中体会情感，最终做到有感而发，不仅使初中语文课堂变得更加生动有趣，也提高了学生的语文综合素养。

参考文献

[1] 穆瑞红. 基于读写结合的初中语文作文教学的构建 [J]. 文渊（高中版），2020（6）：934.

[2] 裴慧莹. 基于读写结合的初中语文作文教学的构建 [J]. 科学咨询，2020（28）：252.

基于翻转课堂模式下名著教学方式的探析

——以《骆驼祥子》为例

河源市龙川县第一中学初中部　罗翠萍

一、引言

翻转课堂即"颠倒课堂"，是指重新调整教学结构，把传统的课堂时间和课外时间倒置过来。传统教学模式中，教师为了照顾群体，一般在课堂上讲授比较基础、简单的课程知识。这些知识，学生完全可以自己在家里学习，而学生真正的困难是利用这些课程知识去解决实际遇到的问题（就是做作业时或考试时），此时，教师并不在身边或不能提供帮助。因此，翻转课堂翻转的是课内与课外的学习内容，使学生有一定的自主学习时间，教师可提前了解学生的学习困难，设计相应的方案，在课堂上进行有效的辅导。

二、正文

在语文名著教学中，因为名著中所描写的情境往往与学生实际生活相隔甚远，学生若没有事先多方面了解，会比较难理解时代背景下的人物境遇，也就很难真正感受人物的心理。如何让学生能"身有感，心有悟"地进入名著、体味名著？近一学年来，我尝试在名著教学中引入翻转课堂的模式，将学生的自我学习放在课前，将难度最大的吸收、内化放在课堂中。经过近一年的探索实践、反思改进、研究感悟，初步形成了"预阅、感受、传递、吸收、内化"的教学模式，在实际教学中小有成效。

1. 预阅，体察全面印象

读书百遍，其义自见。教材中节选的名著只是极小部分的精彩片段，要想深刻理解，学生必须对前因后果有个大体了解。因此，根据教材的编排，我一般提前两到三周让学生阅读该本名著（可以配合本学期的阅读计划进行），并定期做一定的检查，如让学生在日记或周记里写一写自己阅读的感受、对里面人物的印象，早读时让学生朗读一下喜欢的情节描写，等等。有适当的机会还可以让学生观看改编的电视剧或电影。

如在教学《骆驼祥子》之前，我先让学生用两周时间仔细阅读全书，每两天抽查一次，让学生在周记里写一写自己对祥子、虎妞或者小福子等人的看法，早读时朗读一下文中出色的环境描写或心理描写，并利用自习课让学生观看电影《骆驼祥子》，让他们对比电影与小说的异同等。通过这些预习工作，班里80%的学生都大致了解了《骆驼祥子》这本书，对书中人物也有了大概印象。

2. 创设情境，感受信息细节

教师应该有目的地创设各种能激发学生探究欲望的问题情境，引发学生强烈的问题意识，调动学生的好奇心，激发学生求异思维和创造思维，开发学生自主探究的精神。如在《骆驼祥子》整本书研读时，教师如果直接向学生灌输小说情节、语言、主旨，学生可能会感到索然无味、毫无兴趣。我在上课时，先向学生展示需要一定辨认能力但又不易引发歧义的漫画图片，点名提问："这是哪一个情节？"待学生回答后，再次提问："有没有同学能对这个情节进行追问？"

这样，点名提问不再是师生两人之间的表演，而是一场人人可参与的好戏。学生的积极性空前高涨，兴趣盎然地追问："这件事情的前因后果是什么？这个人/事件对祥子有什么影响？"六张图片展示下来，学生在不知不觉中重温了故事情节，了解了情节的前因后果及细节，深刻感受到了信息带来的冲击。

3. 剧本表演，引发信息传递

教师鼓励学生根据小说文本大胆想象，针对阅读时提出的疑惑，联系

生活实际，提出各种假设和意见，并尊重学生的观点，激发他们对小说内涵的质疑探究。同时充分利用语文学科的表演功能，让学生把小说改编成课本剧，利用课余时间进行排练，使所有学生都在主动参与教学活动中获得丰富的创新体验，为进一步探究打下基础。

经过两周的仔细研读，学生一致认为刘四爷过生日这一场景最能集中体现小说人物的语言特点。为了让学生深入体会、提炼概括，我把全班分成八个小组，每个小组分导演、场记、演员等多种角色，由导演组织，利用课余时间进行排练，在自习课上现场表演，选出演得最生动的一组进行课内表演。

课堂上，虎妞的泼辣彪悍、四爷的无赖强势、祥子的不知所措，博得了阵阵掌声。我趁机提问："在表演过程中，你体会到了老舍语言的什么特点？""导演"率先发表意见："多用北京方言，带儿化音。""你能把这种儿化音用广东方言说一下吗？"学生试念了一遍，都笑了。"那么，小说语言除了浓浓的京味儿，还有什么特点？"学生争着举手："通俗易懂。""这通俗易懂与你平时写的大白话有什么区别？""虎妞"思索了一会儿，答道："这通俗易懂不是信口乱说，而是作者精心雕琢过的语言，每一句的表达都恰到好处。""对，"我赞赏地看着她，"这就是老舍语言的特点，朴实而深刻。你能从文中找出一句话来证明吗？"学生们纷纷翻开书，念出自己觉得有代表性的一句话，对语言特点的体会也更深一层。

课本剧表演从视、听、思、想、说等多方面对学生进行感官刺激，有效实现了知识的传递。

4. 坦诚交流，促进消息吸收

翻转课堂重构了学生的学习进程，信息传递主要通过学生自主阅读思考及在线辅导来完成，学生在课堂上通过师生互动、生生互动来完成吸收内化。教师需提前了解学生的学习困难与困惑，以便根据具体情况设计问题推动学生思考，并给予有效的辅导，促进学生之间的相互交流，促进学生知识的吸收和内化。在阅读过程中，我发现好些学生对造成祥子悲剧命运的主要原因存在歧义，有些学生认为是其自身原因，有些学生认为是社会原因。针对这种情况，我在课堂上设计了现场辩论：让学生分为正反两方，每方派一人上台板书己方选手发言的要点。

辩论双方的共同探究甚至争论，能够活化学生的思维，充分激发学生的联想与思考。教师要适时、适当对学生的表述加以点拨、修正，并引导学生整理板书，分析处理辩论结果，强化学生的认知过程，使辩论上升为更深的认识。

学生相互交流、充分讨论后，教师引导学生对辩论结果进行科学分析和提炼，PPT展示："悲剧就是把人生有价值的东西毁灭给人看。——鲁迅。"出示《骆驼祥子》英译本的结尾："夏夜清凉，他一面跑着，一面觉到怀抱里的身体轻轻动了一下，接着就慢慢地偎近他。她还活着，他也活着，他们现在自由了。"

师生共同讨论："英译本的结局和原著哪一个更符合作者的本意？骆驼祥子的人生是一个悲剧还是一个喜剧？请说出你的观点和依据。"

通过问题导向，信息吸收，让学生在层层深入的探讨中明确了解到：个人原因是偶然，社会原因是必然。祥子的人生是彻头彻尾的悲剧。

课堂上，教师要及时解答学生在讨论中提出的问题，及时、公正、客观地评价在交流过程中表现突出的学生，使他们体验成功的喜悦。同时还需引导学生量化评估完成知识与技能目标的程度，反思达标过程的思路与方法，并从旁对照，完善认知结构，内化知识网络，使认知更加条理化。教师更要引导学生反思解决问题过程中的情感体验，鼓励他们提升自己的劳动成果，激励他们进行新的探究。在整个教学过程中，师生共同参与、双向交流、相互作用，彼此形成一个学习共同体。教师不再是唯一的信息来源，而是学生获取资源的引导者。

5. 变式探讨，助力消息内化

《骆驼祥子》由于年代相隔较远，学生往往为读书而读书，读完之后索然无味。教师应有针对性地设置一些问题："今天，我们读《骆驼祥子》有哪些意义？祥子是愚昧的吗？"引导学生辩证地看待祥子，认识到祥子"敢于追梦"的可贵，把"不懈追梦，理性追梦，追力所能及的梦"贯串到自己的人生路途之中，将所学知识运用于实践中，以达到巩固拓展所学知识、发展创造能力的目的。

这样，学生才会对学者赵园的话产生共鸣："《骆驼祥子》写的是一

第一部分 教学篇

个破产农民逐步市民化的过程。"老舍用文字生动展现了"进城"的艰难性、悲剧性。我们应鼓励学生主动参与各种社会实践活动，学以致用，自行设计完成探索课题，使阅读感受在应用中得到升华，从而提高学生应用知识解决实际问题的能力。

三、结语

本课例的教学不是简单地将《骆驼祥子》的情节、语言、主旨灌输给学生，而是先由学生自主阅读，教师再提出有针对性的相关问题，学生通过独立阅读探究后，将教师提出的问题结合阅读思考的结果。课堂上，学生各自发表见解，碰撞交流，教师恰当点拨，师生共同归纳得出结论。同时，教师的引导、学生的自主探究，否定了阅读初期的一些不准确理解，最后通过有针对性的思维辩论，使学生的阅读体验得到升华。在这个过程中，学生对《骆驼祥子》的阅读、课本剧的排演都是在课前两周内完成的，教师始终关注研读进程，适时提出问题加以引领，这些问题在认知层次上从低到高、从单一到综合，逐步让学生得出一些独特和创新的东西，并在课堂上呈现和研讨，促进知识的吸收和内化，真正实现了翻转课堂。在这个翻转式的教学活动中，学生体验了科学研究的思路和方法，在课堂教学中有效地培养了学生的逻辑思维能力，并逐步帮助学生形成探究式的科学精神。翻转课堂改变了传统的教学模式，给语文教学带来了巨大的机会与挑战。如何让名著教学在翻转课堂中走得更远，还有待笔者和读者们一起继续探索。

参考文献

［1］刘冰，李凤堂.现代教学模式理论与实践［M］.北京：东方出版社，2005.

［2］李怡.今天，我们怎样读《骆驼祥子》［N］.文汇报，2017-6-12.

教学反思之特色课堂、特色语文

河源市和平县实验初级中学　黄志红

　　2014年11月，我参加了河源市中小学种子教师市直跟岗学习活动，活动为期一周。这是我自参加工作以来第一次体验这样的活动。在跟岗学习期间，我全程参与了学校的教育教学活动，全方位、立体地体验了学校的管理理念、教育教学模式和学校的校园文化，开阔了视野，提升了职业使命感。身为一名奋战在一线的语文教师，我对特色语文更感兴趣和更为关注，也充满了要在自己的教学课堂尝试践行的热情。在近一个学期的课堂实践中，我品味了特色课堂、特色语文的魅力和成效，个中滋味绵长而深蕴……

一、课前5分钟名著自主阅读、分享

　　课前5分钟名著自主阅读、分享是先安排学生在课余时间自主阅读老师指定的中考必读名著，每天自主阅读15分钟，每周周末自主阅读1小时，然后每天语文课前5分钟由一名学生到讲台上分享自己的阅读内容和阅读心得，分享后由其他学生评价，教师做简评。此活动细加反思，就能提炼出如下一串文字信息：①名著阅读是中考考纲所需，也是陶冶学生性情的一个元素。以前，我总会以学生课程紧、时间紧为由，只是口头说说或强调要安排时间在初中三年内务必读完考纲指定的12部名著，而落实却很苍白无力，效果也可想而知。现在，我们从七年级就开始进行分解式阅读：周末每天1小时，每天自主阅读15分钟，课前5分钟阅读分享，全班学生轮流。这样，既分解了阅

读任务，又能充实学生的第二课堂，还能激发学生的阅读兴趣。②在阅读以及分享阅读的过程中能锻炼、提升学生的表达能力和自信心以及筛选文字信息的能力等。这样，学生阅读名著就有计划、有目的，也有阅读欲望。因为轮流到台上分享，每位学生的机会是均等的，并且要接受师生的点评，所以轮到的学生都很重视，也很珍惜在台上展示自己的机会，效果特别好。在单元检测、期中期末考试中，通过统计发现，与我所任教的上一届两个班的学生在完成名著阅读考题的表现比较，现在这两个班的学生要好得多。有了成效，我和学生也更有信心与热情共同去构建自己的课堂特色，学习着、快乐着、收获着。

二、善用小组合作学习

在跟岗学习时，我特地请教了解了语文科小组合作的操作流程和明细，收获了如下信息：①四人一小组，八人一大组，且每个人都负责一个科目，人人都有事做；各科负责人（即小组长）可由教师选定，小组组员可自行调整。②合作学习前需预习，课堂上才更有效。预习工作由小组长安排并督促，教师于周一向科代表布置一周所授内容，让科代表在班里布置每天的预习任务；每个人要有预习笔记，小组长检查记录。③课堂上合作小组的量化评比：有涂格子方式，有流动红旗方式，也有积分榜式（积分量化时，可分类操作：如班内前20名学生1人次主动回答对得1分；前45名学生1人次主动回答对得2分；余下的学生1人次只要主动回答就得1分，答对则得3分，以此激励学生）。④优秀学习小组评比：周评或段评，学校或年级予以张榜表彰。

通过这些信息点的梳理和归纳，深切体会到跟之前在学校里关于小组合作的理论学习和听讲式的宣传相比，有质的区别。如今，深入课堂第一线，耳濡目染，观摩体验，在理论上更渗透地领会到这一学习模式的显著效果，不禁在心里埋下了"种子"：要回去发芽、践行……

我怀揣这一"发芽、践行"的心愿，回到自己岗位的第一节课就紧锣密鼓地部署合作小组，分组、选小组长、取小组名（熔凝练、积极向上、有感召力和正能量为一炉）、小组分工明细、流程操作要求等一气呵成，并小试牛刀地抛出几个问题让学生合作讨论，学生都兴奋起来，基本能按部就班地开展合作流程。我充满期待地在讲台上观望，发现我向学生抛出问题，他们也回抛给我问题：小组合作讨论犹如"冰火两重天"，大部分同学火热地参与讨论，一小拨人在"打酱油"式地凑热闹，更有几个人难抑兴奋地手舞足蹈或串组，还有几个人则一副事不关己的态度。此时，我的心绪澎湃难平，"怎么办"三个字在我跟前乱晃。下课后我还在反思、分析，在今后该如何有效地驾驭课堂，有效开展小组合作学习课堂模式呢？

在第二天上课开展小组合作学习流程前，我先隆重宣布我的角色分配：我是"流动组员"，按轮流原则参与小组合作讨论的旁听、点拨、启发，还兼握吸纳大权，观察发现并吸纳凑热闹、事不关己人员另成立由我任小组长的"独立组"。学生都是聪明人，有谁愿意跟老师在一个小组呢？略施小计，完胜！

细细想来，理论还需实践来检验；课堂创新、课堂特色，更需结合班情、生情和随堂应变，不能完全"拿来主义"。

三、"循环作文"勤练笔

从事语文教学工作20多年，我对如何有效提高学生的写作能力很头疼，大都采取的是"大胆放手式"的作文指导，所以面对学生惧怕写作文这一难题往往束手无策。

自试行"循环作文"这一练笔实践以来，我欣喜地发现现在所教两个班的学生无不及格甚至低分的作文了，字数、篇幅、语言表达等均有改善。每周一我提供一个主题，三人或四人一个小组，一个小组同一本作文本，第一位同学在周一内写好一篇300至500字的片段习作，署上作者名后，交与第二位同学；该同学在周二内读、修改、写上评语、署名后再另写一篇习作，完成后交与第三位同学；该同学于周三内读第一、二位同学的习作，再修改、点评和署名，另写一篇习作，然后交给第一位同学读、改、评。如果是四人一组，则以此类推。最后在周四前由科代表收缴上来给我检查并评价，我需在周五检查完，以便下周一发回给学生再次开展这一活动，每周类推循环。我计划每个学期"循环作文"练笔的内容都有针对性和重点，如在七年级上学期我重点练了描写，如景物描写、人物描写等。在这一过程中，若发现学生练笔时出现了问题，就及时对症指导，慢慢地，学生就会消除惧怕写作文的心理。因为：①这是小组的合作任务，有一人耽误了，会影响其他人；②第一位同学先写可给第二位同学以启发和参考，他要先读，还要评价，不认真读是评价不了的；③这本作文是小组共有的，每一位同学都能看到组员的习作、点评，不认真写，难以"拿出手"，所以同学会用心写、认真写。综合以上原因，学生都全力以赴地参与这一活动，整个活动流程锻炼了学生的读写能力，学生真可谓"笔耕不辍"，效果自然可喜。这样有机地整合和利用了小组合作的资源，我们开辟了特色语文。

四、精心打造开学第一课，为课堂披上特色"衣装"

一直以来，我对开学第一课都特别用心。我认为第一课是亮眼的课，是师生印象互存深刻的课。我在刚接到现在任教的两个班上第一节课时，让每位学生DIY了一张"名片"，名片以传递个人信息、彰显个性和特色为依据。我想通过这一活动快速认识和了解学生，而学生应该是第一次为自己制作名片，觉得新鲜且有创意。

在春节后开学的第一课，我让学生在小组内交流"春节印象"。春节是中国人最重视的传统节日，印象是多元素的，我让学生选一个主题（如最美好、最深刻、最幸福、最温馨……），从春节的习俗、历史、文化等角度切入，小组合作交流，不过交流须凸显主题。在展示交流成果环节，有位学生说春节最温馨的印象是一家人围坐一起吃年夜饭，菜肴不重要，重要的是一家人在一起的温馨感觉。"一家人在一起"，多么朴素的字眼，但其中蕴含了"家""家人"对学生成长的影响。十三四岁的学生能品出其内涵，我的内心触动很大，也很欣慰，这就是我在第一节课安排这一活动的初衷，既有传统文化的了解和传承，又有思想情感的交流和碰撞。

创新铸就了特色，特色课堂锻造了特色语文。

"路曼曼其修远兮，吾将上下而求索。"漫漫教学路，吾辈任重而道远。特色课堂、创新课堂能促使我们紧跟时代步伐。现在我深感在漫漫的语文教学路上辛苦并轻松、快乐着，这丰富但不矛盾的感觉源自特色课堂、特色语文的探索实践和反思沉淀。

浅论初中语文问题化教学的宜与忌

——以《过故人庄》问题化教学为例

河源市广州大学附属东江中学　黄东梅

"学贵有疑。小疑则小进，大疑则大进。"大多数人都知道，质疑精神是一种非常重要的素养，是推动个人及社会往前发展的动力，这种精神在当下这个信息爆炸的时代具有更加重要的作用。基于此，本文以《过故人庄》的问题化教学为例，谈谈初中语文问题化教学的宜与忌。

一、初中语文问题化教学之"三宜"

问题化教学是指用一系列精心设计的类型丰富、质量优良的有效教学问题（教学问题集）来贯穿教学过程，培养学生解决问题的认知能力及高级思维技能的发展，实现其对课程内容持久深入理解的一种教学模式。问题的质量决定课堂教学的质量。因此，教师掌握问题设置的方法及具备梳理学生散乱问题的能力是问题化教学的基本保障。下面以《过故人庄》问题化教学为例，谈谈初中语文问题化教学的"三宜"。

1. "一宜"主次分明

问题化教学问题的设置宜主次分明：主问题统率，子问题探幽。什么是主问题呢？余映潮曾说："主问题是教师从教学的全局出发，多角度研读教材设计出来的，对整个教学活动起到牵一发而动全身作用的问题。"由此可见，主问题的设置是非常关键的。初中语文问题化教学问题设置的主次分明

非常重要。

例如，教学《过故人庄》这首五言律诗。首先，教师要根据教学目标"品味孟浩然这首山水田园诗语言平淡而情味浓重的特点"，设置主问题"这首诗是一首淡而有味的诗吗"。接着，教师可以让学生通过读诗的题目"过故人庄"提出学习这首诗的子问题："过之缘由是什么""过之所见是什么""过之所谈是什么""过之后续是什么"……教师的主问题就是这节课的"司令"，将统率整节课的所有教学活动；学生的子问题就是这节课的"拐杖"，将帮助学生绕过障碍，一步步到达读懂这首山水田园诗语言平淡而富有情味的佳境。

2."二宜"思路清晰

初中语文问题化教学注重培养的是学生的逻辑思维能力。因此，教师在课堂教学时，除了要有敏感的问题意识之外，还得具有缜密的逻辑思维能力，清晰的教学思路。

例如，教学《过故人庄》这首诗时，教师要将学生提出的子问题与自己预设的主问题相结合，梳理出整首诗课堂教学的问题链，并做好对诗歌语言及情味理解的相关预设。

（1）首联问题及相关预设："过之缘由是什么？"（故人邀请）"淡在何处？"（"故人具鸡黍，邀我至田家。"平白如百姓家常话）"有什么味？"（"具鸡黍"是中国人接待贵客的最高礼遇，饱含老朋友对孟浩然的浓情厚谊）

（2）颔联问题及相关预设："过之所见是什么？"（绿树村边合，青山郭外斜）"淡在何处？"（"绿树""青山"淡雅）"有什么味？"（绿树环绕村庄，村外远山迷蒙，这是一幅极有韵味的山居图）

（3）颈联问题及相关预设："过之所谈是什么？"（话桑麻）"淡在何处？"（"面场圃""话桑麻"等农家琐事，平淡极了）"有什么味？"（"开轩""把酒"，一点客套都没有，这样的自然舒适唯有挚友之间方能显露，此二词尤显情味之浓）

（4）尾联问题及相关预设："过之后续是什么？"（待到重阳就菊花）"淡在何处？"（"待到""还来"是平淡如水的大白话）"有什么味？"

（未别即已渴盼别后的重逢与重阳的欢饮，此非至交乃无从生发此联想。因此，尾联不着一字，难分难舍之情味已至浓酽）

唯有教师有清晰的教学思路，课堂才能有序且有效。

3."三宜"兼收并蓄

在初中语文问题化教学的过程中，教师应持开放的态度。教师一切的问题只是预设，课堂目标原则上不变，但课程的问题往往会有很大的变数。在课堂上，教师应该不断鼓励学生针对文本提出新的问题，并且善于用恰当的语言对学生进行评价。如教学《过故人庄》这首诗时，可能有的同学会问："开窗的是谁？""为什么要'把酒'而不是'端茶'？""为什么要'就菊花'而不是其他？"面对这些可能不在课堂预设的问题，教师应允许学生有不同的解读方式，只要他们言之成理即可，不必强将这些学生拉到自己的阵营，且高度肯定他们的独特见解，鼓励他们大胆质疑。因为这样可以促使学生提出更多高质量的问题，从而不断提升他们质疑思辨的能力。

二、初中语文问题化教学之"三忌"

"三宜"是上好初中语文问题化教学这类课的三大关键。但是，初中语文问题化教学并不是一种容易上手的课型。因此，很多教师因其之难而对其敬而远之，这是很可惜的。其实只要教师避免触犯初中语文问题化教学的"三忌"，进行问题化教学就没有想象的那么难。

1."一忌"教师全盘操纵

问题化教学的目的是要培养学生的质疑能力及辩证逻辑思维。因此，这种课型最大的禁忌就是教师变相地以自己的预设问题带着学生走向预设好的标准答案。这样由教师全盘操纵的伪问题化教学是万万要不得的。

要想避免这种情况发生，教师得树立鲜明的"生本"意识，具有不追求唯一答案的大语文思想。

2."二忌"被学生牵着鼻子走

此外，也要防止走向另一个极端，即教师被学生稀奇古怪的问题牵着鼻子走，以致教学严重偏离教学目标，使课堂走向随意化、无序化、无效化。

要想避免这种情况发生，教师得具有鲜明的目标意识，具备清晰地梳理学生问题的能力及智慧地解决问题的能力。

3. "三忌"备课粗糙及知识储备告急

初中语文问题化教学非常考验教师的备课深度、广度及知识储备能力。一个备课粗糙及知识储备不足的语文教师是难以应对几十名学生提出的问题的。如果教师在课堂上无法合理地解决学生提出的问题，而又不会运用课堂智慧化解尴尬，那么课堂将陷入僵局，教师在学生心目中的地位也会下降。

因此，要想上好问题化教学的语文课，语文教师还得遍观群书，充实自己。

总之，初中语文问题化教学是一种值得挑战的、对培养学生思维比较有效的教学模式。但在挑战之前，应先给自己充足电，让自己能轻松地驾驭它。

（这篇论文在2019年河源市中小学教师教学论文评比中获得一等奖）

参考文献

余映潮. "主问题"教学魅力［J］. 现代语文（教学研究版），2016（7）：118-119.

浅谈对语文学习型课堂的几点认识

河源市第二中学　邬丽琪

语文学习型课堂的学习充分尊重学生的主体性。在语文学习型课堂中，学习是学生成长与发展的自觉行为和内在需求，是学生在教师的组织和引导下主动发出的行为，而不是一项他人强加的任务。在学习型课堂中，阅读是教师、学生、文本之间的对话与交流，是师生合作进行问题探究的学习过程，而不再是传统的围绕文本内容，教师提问学生回答的过程。学生在自身知识经验的基础上，为了解决阅读中生成的问题，展开与文本的对话，与教师、同学的交流，不断生成新见解和新想法。在学习共同体的合作探究中，课堂主体不仅关心自己的学习活动，而且通过交流及互助，分享学习经验和学习成果，最终实现每个人的进步与发展。

一、教师转变观念，把课堂还给学生

随着现代计算机技术的不断发展和推广，教师的教学呈现从满黑板的笔记、板书过渡成几十页的PPT，而学生的课堂学习状态基本没有改变，"认真听讲"或者低头"勤做笔记"，学生完全成了知识的被动接收者。语文就是"语"和"文"，就是语言文字的运用，就是生活、工作和学习中的听说读写活动及文学活动，以及用"语文"这个载体所传达的情感及味道，而不是教师对文章进行分解，概括段落大意，总结作者表达的思想感情的这种"切割"。我们应该转变观念，要以学生为主体，把课堂还给学生，杜绝"满言堂""满堂灌"等现象，把课堂让位于学生，让学生在课堂的天地里，充分

第一部分　教学篇

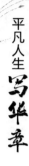

施展自己的才华，成为要学、会学的积极个体。

1. 还给学生自由

杜威认为"教育即生长"，生长论提倡必须尊重学生，我们的教育是唤醒学生的潜在能力。因此，学生对于课堂所接触的内容必须要有充裕的时间去体验和沉思，而不是单纯被动地接收。根据"教育即生长"这个理论，我们应该给学生创造一个良好的学习环境。学生的学习、发展需要教师的引导，但是也不能失去自己的空间。教师应根据学生自身的特点和能力，扩大学生自由学习、活动和发展的空间，如鼓励他们有自己的想法，有自己合作学习的小圈子，有充分的言论自由，让他们在这个空间里当主人，以主人翁的态度积极、主动、愉快地学习、生活、发展。

2. 还给学生发展机遇

教师在课堂上的任务应该是提供各种机遇，启发学生自己去思考、钻研、求解，培养学生善于思考问题、主动提出问题、积极解决问题和积极向上的进取精神。可以预设的课堂不能算是成功的课堂，学生是活动的、发展的。课堂是灵魂的撞击，有智慧的火花。我们要注重课堂的生成，这是课堂教学的意外之喜，也应该是预料之中的。课堂中的生成才是真正属于学生的东西，是大脑思考后开出的花朵。作为教师，不能因为自己在教学设计中没有这一内容而乱了阵脚，或者担心回答不出学生的问题而选择视而不见。

在教授七年级上册第19课《古文二则》时，很多教参和课例中都是同一个主题——诚信。在《乘船》这一则中，从最后一句话"世以此定华、王之优劣"也可以确定以诚信为主题，我在备课时也围绕这个中心来设置问题。在课堂上，学生对这个问题毫无悬念地对答如流："王朗这个人轻诺寡言，不讲诚信。""华歆能够替王朗坚守承诺，救人救到底。"但当我准备下一个教学环节时，突然有个学生说了一句："老师，我觉得华歆其实也做得不好。"我怔住了，但很快回过神来，决定给这个学生一点时间说说他的看法。我微笑着问："为什么这样认为呢？能说说理由吗？"

"华歆刚开始也是不愿意搭救那个人的，只顾着自己逃亡，认为虽然当时船只够宽，但那个人迟早会拖累自己。所以，我觉得华歆也有点见死不救。"学生也开始议论。

"嗯，这位同学的观点非常独特，也有道理。看得出来，他是带着思考去学习的。掌声送给他！"接下来，学生陆陆续续站起来谈自己的理解。

学生甲："这也说明华歆考虑问题长远啊。既然自己没有能力一救到底，就不能随便许诺，如果因为多载了一个人，影响到了行船的速度，被追兵抓到，三个人都可能没命，这是不明智的。"

学生乙："王朗在江上看到贼追至，便'欲舍所携人'，怎么舍？意思是不是想把那个人抛入江里呢？这可是谋杀啊！"

很快，下课铃响了，按照我教案上的思路，这篇课文却没有讲完，但是，谁能说这不是一节精彩的课呢？

3. 还给学生问题

教师在课堂学习中经常提出问题，再自我解答，让学生知道了结果，但不知道解决问题的过程，知其然不知其所以然。解决问题的过程正是学生知识与技能、过程与方法、情感态度与价值观的有效发展、健康成长、走向成熟的过程。所以，教师应指导学生自己去解决问题，而不是回避它，更不宜动辄代替学生解决问题。

4. 还给学生激情

创造是自主性的最高层次的表现。学生的创造性不是自然而然产生的，同样需要教师的积极引导和巧妙激发。培养学生的创造性是我们提高学生素质、全面发展的最终目标。恰当地使用评价手段，做到能表扬的绝不放过、要批评的尽量用委婉幽默的语言给予提醒，不以任何理由来打压学生的学习兴趣。

很多时候，我们让同学朗读或者回答问题的时候，都会不自觉地把自己的注意力、目光聚焦在评价学生上。但是，评价不是师生对话的本质内涵，师生对话的本质是理解，只有试图理解学生的言说，理解他的朗读，理解他的表现，理解他的行为方式，才有可能找到跟学生对话的支点。所以在课堂上，我们要为理解去倾听，而不是为了评价去倾听。把倾听和理解融合在一起，对话才有可能真正发生，精彩才有可能真正呈现。

二、学生学会自主、合作、探究的学习方式

素质教育中的内涵就是智力教育，真正的智力教育就是要培育自由、独立的头脑，而不是复读机或者收录机。智力教育涉及两个方面，一是要有强烈的好奇心；二是有独立思考的能力。在课堂教学中，集中体现为培养学生的自主学习能力。"一切教育都是自我教育，一切学习都是自学。"遵循这个原则，我们提倡语文学习型课堂。学习型课堂忌讳"满堂言""满堂问"，我们给学生以充分的时间、空间的自由，让他们去掌握文中基本的知识。新课标也告诉我们："学生是学习和发展主体，语文课程必须根据学生身心发展和语文学习的特点，关注学生的个体差异和不同的学习要求，爱护学生的好奇心、求知欲，充分激发学生的主动意识和进取精神，倡导自主、合作、探究的学习方式，教学内容的确定、教学方法的选择、评价方式的设计，都应有助于这种学习方式的形式。"

那么，如何有效地实施自主、合作、探究的学习方式呢？

首先，培养学生自主学习的意识。自主学习是指学生在教师的指导下，主动参与、主动获取、自主构建、自我发展、自我完善的一种学习方式。学生的主动精神离不开激发学生的学习兴趣。孔子说："知之者不如好之者，好之者不如乐之者。"因此，在课堂教学中，教师要根据学生的年龄特征、知识经验、能力水平、认知规律等因素，通过各种途径创设与教学有关的使学生感到有趣的教学情境，激发学生的学习兴趣。让学生认识到自己才是语文学习的主人，是"我要学"而非"要我学"，进而在语文学习中发挥主人翁精神。学生有了主动学习的意识，教师就可以在学习方法上给予指导。

其次，营造平等轻松的课堂氛围，让学生学会合作学习。初中语文自主互助学习型课堂教学的原则是以"问题"为中心组织教学。课堂讨论可以深化学生对教材的理解和认识，培养学生的语言表达能力，同样也可以促使学生独立思考、主动创新。教师要认真研读文本，精心设置问题，问题的设置必须要有一定的难度，而且不能多。小组长要对组员进行分工，让每个组员

都有任务，都有事情做。教师在这个步骤中要进行角色的转换，做好学生学习的引导者、顾问、参与者，引导学生依据一定目的，把握关键问题，组织学生讨论。要面向全体学生和关照个别差异相结合，给予每一位学生探讨的机会，让每一位学生都能有自主学习的权利与任务，让他们在合作中学会相互接纳、分享、赞赏与互助。在展示的时候，让整个小组站起来回答，提高小组的凝聚力和荣誉感。

在交流讨论结果的过程中，师生、生生要学会倾听、合作与交流。教师不要急于用自己认为最好的答案去打断发言者，而应该让学生充分发表意见，能畅所欲言。学生的发言即使是不完整、不周密的，教师也不宜匆忙打断，以免挫伤学生的积极性。教师要珍视探究中学生独特的感受、体验、理解和发现，鼓励学生大胆求异，多方面、多角度、创造性地提出自己的看法，发表独特见解。

三、注重阅读方法的指导和阅读兴趣的培养

在语文学习型课堂上，阅读是学生不能忽视的一项学习活动。语文教育除了基本的听、说、读、写能力的养成外，更重要的就是个人思想体系的建构。而思想体系的建构离不了好的文学作品的阅读。文学作品的解读，不像理科讲究精准、一丝不苟，好的文章可以进行多元解读。所谓"一千个读者就有一千个哈姆雷特"，文学作品不存在唯一的答案，与文本进行广泛的、深入的、全方位的直接对话，从各个层面对文本进行理解、感悟、阐释、发现和点评，引发对生命处境的共鸣、生活意义的丰富及情操的提升。"横看成岭侧成峰，远近高低各不同。不识庐山真面目，只缘身在此山中。"生活中的大小事都存在横看和侧视的不同，通过文学作品的阅读，建构自己的思想体系。自由阅读让读书不再是一种负担，相反，读书已经变成了学生的一种精神需求，同时也让他们拥有了自主学习的能力，这也是落实学习型语文教学的有效途径。

参考文献

［1］严永金.最激发潜能的课堂提问艺术［M］.重庆：西南师范大学出版社，2014.

［2］廖玉穗.写给语文老师的书［M］.北京：中国青年出版社，2010.

［3］王崧舟.诗意语文［M］.上海：华东师范大学出版社，2008.

［4］吴非.不跪着教书［M］.上海：华东师范大学出版社，2004.

［5］周国平.周国平论教育［M］.上海：华东师范大学出版社，2009.

浅谈如何提高语文教学效率

河源市和平县新社学校　黄雪妹

一、初中生语文能力存在的问题

语文教学效率不高，就普遍情况而言，初中毕业生的语文能力在以下几个方面不过关：一是识字量不过关。未能完成《全日制义务教育语文课程标准》规定的"累计认识常用汉字3500个，其中3000个左右会写"的任务，独立阅读能力差，作文错别字多。二是书写不过关。不能用硬笔熟练地书写正楷字，不能规范地书写行楷字，字迹不工整。三是阅读不过关。除了语文课本，很少涉猎课外读物，更少阅读中外名著，达不到"能用普通话正确、流利、有感情地朗读"的要求。朗读时，语音不准，声音太小，停顿不当，不够流畅，或指读，或回读，或喉读，余光捕捉辨识能力差，读速太慢，更谈不上读出感受来。四是口语不过关。语音不准，语汇贫乏，词不达意，反应缓慢。五是作文不过关。用词不当，语句不通，缺乏连贯，内容散乱，语言贫乏，篇幅短小。

二、语文教师应有的教法

《全日制义务教育语文课程标准》明确指出："语文是实践性很强的课程，应着重培养学生的语文实践能力，而培养这种能力的主要途径也应是语文实践，不宜刻意追求语文知识的系统和完整。语文又是母语教育课程，学习资源和实践机会无处不在，无时不有。因而，应该让学生更多地直接接触语文材料，在大量的语文实践中掌握运用语文的规律。"这段话明确了语文实践性的特点，指出语文教学的目标为"培养学生的语文实践能力"，培养的途径是"语文实践"，让学生"直接接触语文材料"，在实践中获得语文能力。语文教学的目的在于看书、作文能力的养成，看书与作文既是一种实践的行为，又是一种实践的能力，只能在实践中习得。"阅读课就是读书课。"（张庆）"阅读教学，第一是读，第二是读，第三还是读。"（张田若）古人云："读书百遍，其义自见。"靠传授阅读知识来培养阅读能力，不如让学生多读书。

既然语文课是一门实践课，教师就应该这样去教。

第一，指导学生识字。识字是阅读和写作的第一步。然而，我们的识字教学效率太低，以前的《小学语文教学大纲》规定小学六年的识字量为2540个，加上学前班的时间，平均每天识字不足一个。识字难、识字晚，导致中国儿童阅读难、阅读晚。这就使学生在该阅读的时候不能阅读，思维在该发展的时候不能发展，能力在该提高的时候不能提高，阅读、思考、想象和联想习惯及能力在该养成的时候不能养成。苏联教育家苏霍姆林斯基指出："孩子的阅读开始得越早，阅读时思维过程越复杂对智力发展就越有益。七岁前学会阅读，就会练成一种很重要的技能——边读边思边领会。"郑州大学郭保华教授和教育部语言文字应用研究所的专家历时三年的科研成果《中华字经》，从根本上解决了识字难的问题，在全国选点实验，取得了令人惊喜的效果。但愿此法推广之后，识字不再是难题。

第二，指导学生写字。早在1962年，郭沫若发表在《人民教育》上关于小学生写字的题词就说道："培养小学生写好字，不一定要人人成为书法家，总要把字写得合乎规范，比较端正、干净，容易认。这样养成习惯有好处，能够使人细心，容易集中意志，善于体贴人。草草了事、粗枝大叶、独断专行，是容易误事的。练习写字可以逐渐免除这些毛病。"的确，写字就是育人，学写字就是学做人。写字不能急于求成，要遵循其规律，特级教师于永正的经验可以借鉴：先读帖，再描红，再仿影，再临摹。

第三，指导学生读书。从某种程度上讲，阅读量与语文水平成正比。目前，中小学生迫于中考和高考的压力，疲于应付课业，好多学生的阅读量仅限于语文课本的有限文章，很少接触中外名著，储存的"压仓物"和"干货"太少。学生应当多记诵、少研究，多感悟、少讲授，通过读、思、悟，化解、吸收语文营养。北京师范大学刘锡庆教授的设想可取：一是增加中小学语文教材选文篇数，古代诗、词、曲等400篇，现代、当代白话汉诗100篇，古代散文（含骈文）150篇，现当代散文100篇，外国短篇、诗歌、散文等150篇，共900篇。二是改变教法，以学生诵读为主，教师应着力帮助学生吟诵熟读，给学生开出名著必读书目，让学生到图书馆、阅览室读书。

第四，指导学生写作。多读多写，读写结合，才能提高写作能力。正如巴金所说："只有读才会写。""什么是技巧？我想起一句话：'熟能生巧'。""操千曲而后晓声。"鲁迅也说过："文章怎样做，我说不出来，因为自己的作文，是由于多看和练习，此外并无心得和方法的。"作文能力是读出来的、写出来的，不是讲出来的，没有阅读量、练笔量，就没有写作的水平。"得之在俄顷，积之在平日。"现在写作教学的主要问题有：一是把实践课上成理论课，写作知识讲得太多；二是学生写作量太小，大部分学生除作文之外几乎不写文章；三是学生不能自主写作，限制太多。我们应当把写作的自主权交给学生，让学生真正自主大胆作文，教师精心设计作文形式（日记、周记、说文、抄文），激励、点拨，把好数量关，完成课标对各段写作量的要求即可。

第五，指导学生积累。这与上述阅读教学是密切联系的，阅读就是积累的一种。多点硬功，少点时髦。"圣贤之学，非造次可成，须在积累。"（朱熹语）庄子在《逍遥游》中说："且夫水之积也不厚，则其负大舟也无力。覆杯水于坳堂之上，则芥为之舟；置杯焉则胶，水浅而舟大也。风之积也不厚，则其负大翼也无力。""积累"就是语文的代名词。提高阅读能力要有阅读量的积累，正所谓"观千剑而后识器"。提高写作能力，也要有阅读量的积累。"胸藏万汇凭吞吐，笔有千钧任翕张。"要把文章写成一条小溪，胸中得蓄满汪洋大海。巴金说："现有两百多篇文章储蓄在我的脑子里面了，虽然我对任何一篇都没有很好地研究过，但是这么多具体的东西至少可以使我明白所谓'文章'是怎么一回事。""千古文章书卷里，百花消息雨声中。"由读悟写，由写悟读；读写互动，融会贯通；领悟方法，升华思维。一旦知识阅历丰富了，有某种理解和表达的需求，沉睡的"积累"就会苏醒。在学生积累方面，教师的作用是给方法、提要求、勤检查。

第六，教学生体验。语文的外延等于生活的外延，生活是语文的大课堂，是语文的源头活水。文章来自生活，要读懂它，就要有生活的体验。好文章是生活的记录，或直接取材于生活，或受生活的启发而作。封闭在学校，囿于课堂，缺少对生活的体验，既读不懂书，亦写不好文。教师不仅在阅读教学时要让学生体验、感受，还要设计、引领学生进行多种多样的社会实践活动，让学生体验丰富多彩的社会生活。

语文教学的弊端日渐突出，教改的呼声日益强烈，新课改理论和语文课标也已指明了改革的方向，我们应当抓住机遇进行科学、务实、有效的改革。

让幽默"亮骚"语文课堂

河源市和平县实验初级中学　黄志红

"兴趣是最好的老师",培养学生的学习兴趣是自如驾驭课堂、提高课堂效率的关键。其中,幽默是凸显这一关键的催化剂,适时地让幽默"亮骚"课堂,能帮助学生消除疲劳,激发学生的学习兴趣;也能让学生开阔视野,激活学生的发散性思维;还能拉近师生间的距离等。

一、正面引导、启发

以前跟学生聊起对学习语文的感受时,多数学生会说语文不好学,上语文课没味道,成绩也很难明显提高。这是学生的普遍感受,也是语文教师的困惑。为此,我尝试把幽默"请"进我的语文课堂,适时地调节课堂气氛,营造轻松、愉悦的课堂,让学生发自内心地喜欢上语文课,提高学习的积极性,提高学习效率。

(1)学习丰子恺的《白鹅》时,善于观察、抓住事物特征进行描写是这篇文章的主要写作特点,为引导、启发学生领会善于观察、抓住事物特征是写好状物文章的一条主渠道,也为了激发学生热爱生活、留心生活的积极性,我特地向学生"秀"了一个小幽默:"蜘蛛和蜜蜂要举行婚礼了,蜘蛛不满意这门婚事,蜘蛛的母亲开导他说:'乖孩子,蜜蜂小姐吵是吵了点,但人家毕竟是空姐呀。'蜘蛛说:'我喜欢蚊子姑娘。'蜘蛛的母亲听了生气地说:'别提那个护士了,连打针都打不好,前几天帮我打针还水肿呢,真是的。'蜜蜂也不想嫁给蜘蛛。蜜蜂妈妈说：'乖女儿，蜘蛛丑是丑了点，但他毕竟是搞网络的，现如今正吃香呢。'蜜蜂小姐说：'我喜欢蚂蚁大哥。'蜜蜂妈妈叫道：'别提那个包工头了，连辆卡车都买不起，整天扛着东西东奔西跑的，太窝囊了。'"

这时，学生边听边笑。我随即启发学生，这个小幽默之所以好笑、有趣，主要归功于创作者善于观察，善于抓住事物特征，并能结合生活摄取现代信息元素。学生听了既感觉有趣，又能轻松地有所感悟。

（2）指导学生阅读理解课外文段《母鸡》一文时，在完成同步思考题之后，我另加了一道题："白母鸡和黑母鸡谁的本领大？"学生在明白了该回答"黑母鸡本领大，因为它能生白蛋，而白母鸡却生不出黑蛋"时，也明白了这是一道脑筋急转弯，同时也帮他们开拓了发散性思维。

二、反面切入、点拨

（1）阅读理解雨果先生的《给巴特勒的一封信》一文时，我在课前导入时问：同学们，你们知道是谁烧了圆明园吗？在你们回答之前，请先听老师讲一个小幽默给你们听听："一天，一位教育督学独自一人深入一所中学了解教育教学情况，刚走进校园，墙报上的'火烧圆明园'字样映入眼帘，就随兴地上前问一个学生：'同学，你知道是谁烧了圆明园吗？'那个学生听了赶紧回答说：'不是我，我没烧。'督学听了摇摇头，然后走进办公室跟教务主任说了刚才的事，教务主任说：'那个同学说不是他烧的就不是他烧的，因为我校一向很注重学生的德育教育，学生都很诚实。'督学听了又摇摇头，下午回去跟局长汇报了当天的督察情况后，跟他提起这件事，局长听后说：'烧了就烧了吧，我再拨专款重建。'"听完后，毫无疑问，学生都笑得前仰后合。此时，我再说："同学们，在笑过之后要了解历史，了解历史文化的重要性，不然会闹出笑话来的。"

（2）强调学生应注意正确运用标点符号、注意朗读时的停顿和节奏、培养语感。举例如下。

① "新华社长江电。→新华社长，江电。（错误读法）"

②"今天，叔叔吻了我，妈妈也吻了我。→今天，叔叔吻了我妈妈，也吻了我。（错误读法，导致家庭误会）"

培养学生学习兴趣的方法多种多样，以上是我在施行"先学后教，当堂训练"教学模式以来的一点尝试。让幽默"亮骚"课堂有效地培养了学生的学习兴趣，同时也深切体会到兴趣是学生"先学"的导航标。

人工智能发展现状及其在教育中的应用探索

河源市和平县实验初级中学　吴鸣华

一、人工智能在教育当中的应用现状

就目前我国教育事业发展现状来看，人工智能已经初步应用于教育活动开展过程当中。例如，学校运用人工智能在食堂进行刷卡打饭、图书馆进行刷脸进入借阅，等等。这种人工智能模式的使用方便进行学校管理活动，尤其可以避免外来人员进入学校非对外开放区域，从而保障学校内部学生的安全。

除此之外，人工智能也广泛应用于教育环节当中。比如，学校考试不再采用教师人工手动阅卷的判卷模式，而改用人工智能方式进行网上阅卷，既提高了阅卷的效率，又避免了出现不必要的人工阅卷失误，从一定程度上保障了考试的公平公正。同时，人工智能也为学生提供了大量的网络学习资源，如可以利用网络进行习题查阅等。因此，人工智能在教育活动中的应用，有利于帮助学生扩充知识面，提高学习效率。

二、将人工智能应用于教育教学活动当中需要注意的方面

1. 提供完备技术支撑

首先，利用人工智能开展教育活动的基础在于有充足的基础设施和先进科学技术的支持。因此，教育活动的主要参与者应当从思想层面对这一观念引起相当的重视。立足于教育事业发展现状及需求，革新自身的教育教学理念，破除传统的固化教育观念，即充分意识到新时代教育教学活动的开展

需要在互联网信息技术的支持下进行，从而在这一思想前提之下，自觉学习并利用先进的教育教学方式来开展教育教学活动。同时，在开展课堂教学活动的过程中，将这一理念传达给学生，使学生积极主动地融入信息化学习活动及发展趋势当中。为此，相关负责部门可以组织教师定期开展网络学习活动。举例来讲，可以组织教师观看学习网络课程，体会线上教学特点，并从中总结学习教学方式，将其用于今后的教育教学活动当中。

2. 教师占据主导地位

从传统意义上来讲，教师作为课堂教学活动的主导者，对于课堂教学活动的推进和具体开展有着重要的引导作用。但是，在人工智能教学模式之下，可能由于师生之间不能面对面交流，教师难以直接对课堂进度及教学内容加以有效控制，学生的学习状态也难以得到有效监督和引导。因此，相关教师应当采取有针对性的举措增强对课堂的掌控能力，在课堂教学活动中占据主导地位，保障课堂教学活动的有序开展以及每位学生的学习效率和效果。为此，可以充分利用线上随机点名等形式帮助学生集中注意力。

3. 适度把握课堂教学内容知识量

在充分利用互联网信息技术尤其是人工智能开展教育教学活动的过程中，可以利用丰富的网络资源，使课堂知识量大大增加。但是就学生自身对知识的掌握能力来看，在一定的课堂时间内掌握过多的知识有一定的困难，负担会比较重，可能会对课堂学习效率起到反向的阻碍作用。因此，教师在这一过程中要适度把握课堂教学知识量，既要做到在一定的时间内帮助学生掌握更多的知识，又要避免因任务过重打击学生的学习积极性。

三、结语

在知识经济发展的时代背景之下，传统的教育教学理念及方式已经难以适应教育事业发展的需求。因此，应当充分利用互联网信息技术尤其是人工智能模式，挖掘充沛的网络资源，并将其融入教育教学活动开展过程当中，同时在这一过程中推动教育教学信息化发展。在课堂中融入更多趣味性，以吸引学生的学习兴趣，帮助学生提高自身的学习效率和水平。从这一层面完善我国的教育结构，提升我国教育事业的整体发展水平。

参考文献

［1］钟义信.高等人工智能：人工智能理论的新阶段［J］.计算机教育，2012（18）.

［2］陈立鹏.人工智能引发的科学技术伦理问题［J］.文学教育，2012（8）.

［3］刘健.人工智能在网络教育中的应用探讨［J］.计算机光盘软件与应用，2014（6）.

深处种菱浅种稻，不深不浅种荷花

——试论诗歌比读教学的梯度与维度

河源市龙川县第一中学初中部 罗翠萍

梯度教学，就是根据学生的不同水平，展开有区别的教育，使不同的学生都能发挥自己最好的水平，即孔子说的"因材施教"。维度，就是人们对所分析的目标对象所采用的分析角度。教学的梯度和维度指的是在具体教学过程中，根据学生学习能力的高低和基础的牢固程度，设计相适应的教学方案，引领学生从不同角度感受和分析课文。

北大教授、义务教育语文教科书总主编温儒敏先生曾说："目前我们语文教学最大的问题是没有梯度，这个问题首先是由教材产生的。以前教材较注重梯度，由浅入深，每一个学段、每一个年级，甚至每一个学期的前中后阶段，课文深浅的程度、知识点的安排，甚至练习的安排都有一个循序渐进的过程。现在则是主题牵动整个课程计划，教材基本上以主题划分，所有教材都朝着人文主题这方面去做，梯度不够。"

如何避开这种教材改革给一线教学带来的麻烦，避免教学规律的平面化呢？一年来，我与备课组的同事们在诗歌比读教学的梯度和维度整合方面做了许多有益的尝试，使枯燥的诗歌焕发出生机和活力，激发了学生对诗歌的兴趣。下面以《游山西村》这首诗为例，谈谈我们的具体做法。

一、教材分析

这首诗出自七年级下册第五单元第20课，作者陆游因助推张浚北伐，被罢归故里，心中愤愤不平。对照诈伪的官场与家乡纯朴的生活，诗人自然会产生无限的欣慰之情。诗歌语言浅白易懂，适合七年级学生诵读和合作探究。

二、学情分析与措施

七年级学生由于人生经历欠丰，对生活的感悟还不够深入，加上时代的隔膜，缺乏对诗歌技巧和内涵的思考，无法准确把握诗歌跳跃性的语言，需要教师的引导与帮助。根据学业认知水平，我们把全年级18个班分成三个等级，结合学生具体情况设定比读内容，有目的、有计划、有梯度地设计问题，指导学生品读、赏读、拓读文本，训练思维，培养感情，引领学生由浅入深，沿着阶梯循序渐进，走入文心，习得方法，全面提升语文素养。

三、教学策略与效果

1. 从内容上比读

教学是沟通文本、生活与学生心灵的重要桥梁，桥通则路通。针对3和4班学生文学基础较差、热爱音乐的特点，我们把歌曲《乡间小路》作为背景音乐，让学生边哼唱歌曲边朗读诗歌，想象诗人去山西村做客时的愉快心情，并把想象到的画面有条理地说一说。有学生说仿佛看到了大碗大碗的黄焖鸡肉、红烧猪肉和略带浑浊的米酒，有学生说好像看到了群山环绕、花红柳绿的村庄，还有学生说似乎看到了河源的打马灯、花朝戏等传统剧目的表演……

小结之后，教师提问："在我们学过或接触过的古诗里，有没有哪一首也是描写做客情景的？"学生异口同声地说："《过故人庄》！"

教师用PPT出示《游山西村》和《过故人庄》，抛出问题搭梯子，引导学生小组合作探究。

（1）这两首诗的首联在内容和情感上有什么相同之处？

（2）《过故人庄》的颔联是承接首联哪两个字展开的？写出了"故人

庄"怎样的环境特点?

（3）《游山西村》的颔联写出了怎样的景色？表现了作者怎样的思想感情？含有什么哲理？

（4）两位作者都在尾联表达了自己的情感与志趣，有何异同？

通过一系列的讨论，学生不仅领略了古代"农家欢乐游"的美好情趣，还理解了"山重水复疑无路，柳暗花明又一村"的深刻含义，并决定把这一人生哲理应用到自己的生活和写作实践中去。

2. 从写作手法上比读

语文是人文性和工具性的统一。学习语文，不仅要学会运用语言文字感知和表情达意，发掘和感悟文本中的哲理性与思想性，还必须利用文本训练学生的阅读技能和写作技能，发展学生的思辨能力和评价能力。

《游山西村》是一首纪游抒情诗。诗人紧扣诗题"游"字，却没有直接描写游村的具体过程，而是巧妙剪取游村的几个场景，来体现无尽的游兴。全诗以"游村"为线索，首写出游农家，次写村外景物，复写村中情事，末写期望频来夜游。每联各有侧重，四联描绘了四幅美景，秀丽的山村风光与淳朴的村民习俗如同一帧帧电影画面，翩然掠过读者脑海，意境优美，格调隽永。这首诗虽然选材比较普通，但立意新巧，手法白描，先写景后抒情，自然成趣。对于学习能力为B的班级，我们注重引领他们回忆以前学过的诗歌，找出《闻王昌龄左迁龙标遥有此寄》《次北固山下》和《渡荆门送别》等诗，进行写作手法的比读，了解古诗创作中"先写景后抒情"这种常用手法，并在对比中体悟这种手法在具体运用时的细微差别，感受写作手法对诗歌表达的深刻作用。

3. 从时代纵向比读

"颂其诗，读其书，不知其人，可乎？是以论其世也，是尚友也。"知人论世，必须紧密联系作者生平及所处时代。比读不应是单一的阅读，而必须和生活共同呼吸，从历史、人文等多维度展开，才能逐渐地还原真实的写作背景，体会诗人的创作心境，从而更好地体悟诗歌意蕴。

传统教学中，教师往往上来就出示作者简介和写作背景，指名读或全班读一读就过去了，留给学生的印象并不深。对于学习能力为A的班级，我们把作者简介和写作背景作为课前预习作业，要求学生通过小组合作，收集资料，制作读书卡片。讲完全诗后，再适时展示需要探究的问题："诗人真的快乐吗？为何他会有'山重水复疑无路，柳暗花明又一村'之叹？他遭遇了什么？他在期待着什么？"引导学生结合写作背景，深入地谈谈颈联的含义，并通过听读、跟唱《诉衷情·当年万里觅封侯》（胡婷婷演唱版），明白此句不仅仅是明面上的写景，更是陆游此时人生境况的写照：他虽然罢官闲居，仕途已经"山重水复疑无路"，但仍然心系中原，时刻盼望着起复重用，希望自己的人生能迎来"柳暗花明又一村"，体悟颔联中蕴含的哲理性与思想性，从而提升学生的欣赏能力和审美能力。

《义务教育语文课程标准（2011年版）》提出："语文课程应该是开放而富有创新活力的。要尽可能满足不同地区、不同学校、不同学生的需求，确立适应时代需要的课程目标，开发与之相适应的课程资源，形成相对稳定而又灵活的机制，不断地自我调节、更新发展。""深处种菱浅种稻，不深不浅种荷花。"这句通俗易懂的诗句就是我对这个课标的形象理解。诗歌比读虽然只是教学形式的一种，但仍有许多教学资源值得深挖，我们从梯度和维度出发，有目的、分层次地展开诗歌比读教学，让每个学生都成为学习的主体，让每个层次的学生都获得自身的发展。虽然现在已经有小小成绩，但依然任重而道远，仍需深耕不辍、砥砺前行。

参考文献

［1］中华人民共和国教育部.义务教育语文课程标准（2011年版）［S］.
　　北京：北京师范大学出版社，2012.

［2］杨伯峻.孟子注译［M］.北京：中华书局，2008.

［3］王鹏伟.教学梯度与教学节奏［J］.中学语文教学，2018（4）.

［4］王乐.语文课改应和高考"相生相克"［J］.北大教师·教师网，
　　2011–12–20.

［5］杨友生.新课程标准下语文教学的三个维度［J］.语文教学与研究
　　（教研天地），2010（11）.

使语文课堂教学"活"起来

河源市和平县实验初级中学　何 征

吕叔湘先生在谈到课堂教学时说："成功的教师之所以成功，是因为他把课教活了。"我们在观摩一些语文教学大师的课时，感到如饮甘醴，就是因为他们把握了语文教学的规律，把语文课教"活"了。

那么，语文课怎样才算"活"？

从语文课堂教学来说，教学过程中应表现为师生活动比较恰当，教学方法选用合理，学生和教师动静有序，课堂节奏调控和谐，自然而不松懈，紧凑而不局促。学生掌握知识扎实而不死板僵化，启发性强，学生学习知识、文章，入乎其中又能出乎其外。教师教得得心应手，学生学得如沐春风，师引生、生推师，其乐融融，事半功倍。

其实，把"将语文课教活"作为追求的目标，不是没有规律可循，这里有教育科学问题，也有教育艺术问题。具体来说，应注意从以下几点入手。

一、要把语文看成"活"的学习对象

语言的运用有严格的规范，也有很大的灵活性。生活是活生生的、动态的、发展变化的、波澜起伏的，反映生活的语文也应该是活泼的，不是凝固的。古人把语文的运用自如比作"行云流水"，很有道理。我们中学语文教学在课堂上也要追求"行云流水"的境界，避免单调、刻板、僵化，使思路"活"起来，这对教与学都有好处。

我在教《我的叔叔于勒》一课时，设计了这样一个环节：让学生试着给

第一部分　教学篇

文章换一个标题，并与原标题比较，看看哪一个好。学生对此极感兴趣，课堂一下子活跃起来。学生在积极的讨论比较中逐步了解了文章的内容、人物的命运、作品的主题以及作者的写作意图，构思作品的独具匠心。由于设计巧妙，激"活"了课文，整堂课上得流畅、自然，十分成功。

又如学习苏轼的《水调歌头》，可向学生介绍苏轼其人，结合词中的"人有悲欢离合，月有阴晴圆缺，此事古难全"的哲理性诗句了解苏轼的达观，从而培养学生积极、健康、向上的情感。从马致远的《天净沙·秋思》中可以探究其色彩及构图上的美学价值，从白居易《卖炭翁》中了解诗人"苦宫市"的创作意图等。

学生最爱听的往往是那些教材延伸和补充的部分，从中不难看出只有"激活"语文教材，开放语文教学的空间，将课本与生活、人生的大教科书联系起来，让课堂充满时代气息，才能扩展学生的视野，开放学生的思维空间，才能满足信息时代学生的需求，才能激发学生的学习热情，促进其素质的全面发展。

二、要把学生看成"活"的教学对象

传统教学之所以效率低，其主要原因是没有认识到学生是活生生的个体，是学习的主体，把学生看成只能被动地接受，低估或者无视他们的能动作用，教师只重视教的功夫磨炼，不注重培养学生的自学能力。

现代教育理论认为，学生参与教学是教学获得成功的重要保证。要相信学生能学好，把学生看作教师教学活动的助手；要有民主思想，才能极大地调动学生的积极性，挖掘出学生学习的潜能。

听一些资深教师的课，我们就不难理解这个问题。在他们的课中，我们听到最多的话是"行不行""是不是""这样好吗"，教学目标由教师和学生讨论确定，在教学过程中始终把学生放在首要位置。教育家魏书生曾说："我的任务是让学生乐意学、主动学、会学。"所谓乐意学，就是激发学生的学习兴趣，让学生喜欢学语文；所谓主动学，就是让学生自觉地学，而不是被迫着学；所谓会学，就是教给学生方法，让学生自己解决学习中的问题。同时，他注重让所有学生都活动起来。魏老师的课不仅是教给学生语文知识、培养学生的语文能力，更在语文教学中贯穿"人"的教育，以民主意识为指导，全方位培养和塑造学生。

在课堂上要始终贯彻激励性原则，对学生用褒扬的词语，以保护学生的积极性，激发学生对学习的自信心，让学生体会到成功，享受到尊重。

如在《我的叔叔于勒》的课堂教学中，有位学生对小说的三要素只回答出两个，这时是说"怎么连这么基本的概念都没有记住"，还是说"不错，你记住了两个"，其效果不言而喻。若采用前者，只能使学生对回答问题产生畏惧感，并伤害了学生的自尊心，挫伤了学生的积极性。

又如，在概括克拉丽斯的性格时，有位学生用的是"有心计、泼辣"，而我备课时用的是"精明、泼辣"，于是我对学生说："你用得比我准确。"并且当即把板书写成了学生用的词语。所以，在课堂上教师要真诚地尊重学生的意见，并尽可能地予以采纳，这样就会形成一种民主、平等的气氛，培养出学生的自信心与创新精神，课堂也才会真正"活"起来。

三、要把语文教学和生活密切地联系起来

"问渠那得清如许，为有源头活水来。"语文教学不管是使用的教材还是学习的目的，都是和生活水乳交融、难舍难分的。刘国正先生曾说："语文天生与生活连在一起。"语文教学必须同生活密切联系，才能将语文讲好、讲"活"。

语文是能力，能力来源于训练，听、说、读、写各种能力的训练联系生活就会生动活泼，离开生活就会死气沉沉。

比如听读，学生的读和听是为了认识生活与学习怎样生活，脱离生活不但使训练的材料单调乏味，而且缺乏目的性，读的训练就变成无意义的活动。朱自清的《背影》情真意切，催人泪下，而要让学生理解和把握此文主旨，就需要协调学生情感储备，联系学生生活实际。很难想象一个在生活中不知父爱、母爱、亲情的学生能透彻地理解《背影》所表达的情感。

又如，写（包括说）是运用语文反映生活、表达情感、交流思想信息、服务于生活的手段。如果脱离生活，写就变成无源之水、无本之木，技巧就变成无所附着的文字游戏。在语文课堂教学中，联系生活实际又是帮助学生

理解把握教材、学习运用教材的有效途径。

如教授《从宜宾到重庆》这篇解说词，当欣赏到描写南广河这段文字时，先引导学生反复诵读，在反复诵读中让学生体会语言生动形象的特点，然后联系实际进行迁移训练，让学生选择家乡的某处景点，抓住特征，仿照课文的句式，用几句生动形象的语言把这处景物描绘出来。当时的场面很热烈，学生积极思考，踊跃发言，创造出了许多佳句。

这种方法着眼于读写结合，学以致用，使学生由掌握课文知识发展到解决实际问题。学生通过这样的练习，学到了知识，培养了能力，陶冶了情操，可谓一石三鸟。语文教学同生活相结合，则读得兴趣盎然，写得生动有趣，全盘皆活。

四、适当运用教学技巧

语文教学的素质中，很重要的一部分是处理课堂教学中的细节。教师定下教学目标，如何去完成这个目标是十分重要的。而这恰恰是区别一位语文教师"有戏"与"没戏"的标志。同样一节课，同样一个教案，让两个不同水平的教师上，结果大相径庭，其奥妙就在于是否巧妙、合理地运用教学技巧。这也就是我们所说的教师的课堂机智，教学技巧千差万别。对此，下面谈几点认识。

1. 巧妙设置情境

创设语文教学情境，实行情境教学，能最大限度地调动学生的学习积极性，实现教学最优化。如魏书生老师就经常巧妙地创设教学情境，亲自演示，学生目睹，如见其人，加深了对细节描写的理解和认识。

2. 引发想象

在语文教学中充分引发学生的想象，培养学生的想象能力，也是一堂课能否"活"起来的钥匙，是学"活"语文、教"活"语文的标志。有位教师在讲《天上的街市》一课时，让学生想象天上的街市是什么样子，学生的思路一下子开阔起来，取得了很好的效果。究其原因是教师有意识地引发学生联想，为教学服务。当然，使用此法也要因人因文而异，不能任意套用。

3. 变换角度

"横看成岭侧成峰，远近高低各不同。"语文教学中有意识地多角度地观照同一问题，既活跃了课堂教学，又能对学生进行思维训练，效果不错。变换角度的方法很多，对同一个问题从不同方面研究；调换读者作者的位置；变换训练形式；变换观察角度；对所学文章进行增、删、换、调等加工，然后比较其原因；师生关系对调等，运用之妙，存乎一心。

4. 运用教具

教具的运用关键在于恰当，用教具而不唯教具。一段录音、一幅画、一张幻灯片、一段电视剧或电影等，如果运用得当，会省去教师许多口舌。比如，有位教师在上《死海不死》这一课时，在讲台上放了一只盛满水的杯子、一杯食盐、一个鸡蛋。把鸡蛋放进盛满水的杯子，鸡蛋下沉至底。教师给学生提问：谁能让杯子中的鸡蛋浮起来？以此为突破口，让学生带着问题去课文中寻找答案，最后学生发现把盐溶解到水里，鸡蛋最终浮了起来。通过简单的教具、有趣的小实验，学生主动去寻找答案，自己动手解决问题，学习效率极高，迅速掌握了课文的重难点。许多时候，教师费许多口舌也解决不了的问题，一个教具的展示就可能使问题迎刃而解。

五、应注意避免的几个问题

（1）语文求"活"，但应避免漫无边际、信口开河，游离教学目标，只图好看、热闹，不重教学实效。

（2）语文求"活"，切忌粗俗和哗众取宠，一味讨好听众，忽视语文传授真知、陶冶情操、培养健康人格的目标。

（3）语文求"活"，但不要小聪明，不卖弄技巧，不能只顾眼前、图省事。语文能力的提高从来不靠侥幸、捷径。只有持之以恒，有计划地进行扎扎实实的语文训练，才能真正提高语文水平。

综上所述，在语文课堂教学中，教材、学生、教师三个要素是三位一体、共生互动的，只有使三者都"活"起来，才能从根本上激活语文课堂教学，积极有效地推动新课改的进程，使语文课堂中的素质教育真正落到实处。

探究部编初中语文教材活动探究单元
教学的"变"与"不变"

河源市紫金县尔崧中学 黎 武

活动探究单元是部编初中语文教材的新生事物，给教师的教学提供了更大空间，也对教师的教学提出了更新的要求。

一、活动探究单元教学的"变"

1. 学习内容之"变"

活动探究单元的学习内容呈现的主要方式是活动任务，实践性较强，因此与传统的静态、文本性的语文教学活动有着本质上的区别。

如八年级上册的第一个活动探究单元，学生需要完成的任务主要有新闻阅读、新闻采访、新闻写作。新闻的采访与写作环节活动性较强，新闻阅读的目的是让学生学习新闻的写作技巧，而后通过采访与写作进行锻炼。从这个活动安排上可以总结出两个关键点：一是其他版本教材上的探究活动往往是非硬性的，但统编版教材的这些活动探究是必须完成的；二是其他版本教材的活动探究实践性较弱，而统编版本教材的实践性强，同时学生最好以小组合作的方式完成，保证效果。

最重要的一点是活动探究单元中的新闻阅读要求教师在教学过程中以真正新闻的方式进行阅读，而不是以文学的方式。教师需要从新闻六要素的角度进行新闻的内容梳理，通过比较阅读的方式对不同的新闻体裁进行感受，如消息、评论、专题等。不同的新闻体裁在写作形式上有着截然不同的方法与技巧，这些细节教师需根据实际情况进行解析。由此可见，对这些文本性的内容进行深入解读，可以锻炼学生对文本的揣摩与学习能力，进而通过深度解读与写作训练得到更多的新闻写作知识。

2. 学习步骤之"变"

学习内容的活动性让学习过程中的"任务驱动"环节出现了较大的更改。

传统的阅读单元学习过程中，学生一般依照课前预习——课文阅读——问题探究的步骤，这个顺序模式较为固定，也较为死板。在活动探究单元中，是按照任务一——任务二——任务三的步骤展开，将整个学习活动分解成不同的任务，需要学生在其中发挥自主探究作用，在教师的指导下更为高效、全面地学习课文内容，保证内容可以被更为透彻地消化。这种教学方式可以让学生的学习过程全部以一种任务完成的方式展开，锻炼了学生的学习主动性，学生可以根据自己的理解进行自身感受的填写，进而得到更为全面的个性化培养。

3. 学习方式之"变"

活动探究单元的学习必须由学生积极、主动地参与，同时通过亲身实践的方式对活动单元的内容进行落实，然后总结收获。整个过程都需要学生的主动参与和自主规划。

如九年级下册的戏剧活动探究单元，教师可以根据课本上的一篇戏剧课文，让学生进行研究、组织、演绎。整个过程全部由学生自行准备，遇到问题时可以与教师进行商讨，但是教师只给出意见，不插手学生演绎的任何环节，这让学生的主动性更强，充分尊重了学生的设计与创意。同时，学生在这个过程中也充分体验到组织一出话剧是怎样的有趣，其中暗藏着哪些困难。

整个学习的过程不再是传统的教师指导、学生跟随的方式，而是将权利直接移交给学生，让学生在其中充分发挥主动性，可以对自己的行为全面负责，同时也因为承担重大的责任而更加认真。在探究单元活动中发现问题并解决问题，这个过程中，学生学习到的东西很多。

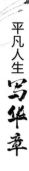

4. 学习评价之"变"

在活动探究单元，评价方式也不再局限在一个模式中。通常情况下，阅读单元的评价主体是教师，教师会从学生的收获内容与结果上对学生的课文掌握情况进行评价，同时采用答卷测试的方式展开，整个过程只有一个参考标准，就是试卷的分数。

活动探究单元的学习因为方式多种多样，同时会对学生的各个方面进行训练，因此教师的评价方式也必须要丰富，过程与结果并重，教师要将评价标准进行层级划分，制定多种标准，如此才能保证学生在整个过程的付出与收获都得到统计，并得到相应的奖赏，激发学生的主动性与自信心，其中可以使用的评价方式主要包括观察、问卷调查、组员互评、问题测试等，不同的评价方式都有其自身的评价作用，需要得到教师的重点关注，进而让整个评价工作更加公平公正。

二、教学属性的"不变"

语文作为一门工具性学科，对其他科目的学习与学生今后的日常、学习互动有着不可替代的作用，因此教师必须提高对这个科目的学科素养夯实工作的重视，尽量让学生在有效的学习时间内获得更多内容。

所以，学生的学习内容、步骤、方式、评价等都可以发生改变。这些工作内容发生变化后，学生得到的锻炼机会更多了，也符合活动探究单元设置的初衷，但是其中的本质属性是绝不能变化的。因为语文知识的设置，目的是让学生通过学习获得更多的文字使用能力。如果这个基础目标发生变化，就等于本末倒置。

通过各种实践性活动，让学生的语文知识基础得到夯实，也不会发生变化。无论是什么形式的活动，都万变不离其宗，就是让学生通过这些活动得到更为全面的知识运行与技巧训练，让学生可以了解更多的文字使用、表达方式。

坚守语文课程的本质属性，就是要强化学生的语文学习方法和习惯。例如，新闻单元的旁批有助于学生了解新闻的基础知识和阅读方法，学生既要养成读旁批的习惯，又要运用做批注的方法。

总而言之，活动探究单元是以任务为轴心、以阅读为抓手的全新的教材设计，是对阅读、写作、口语交际等项目的整合，是着眼于培养学生综合语文运用能力的实践系统。

参考文献

［1］郑桂华.统编本初中语文教材学习活动设计研究［J］.语文建设，2018（13）.

［2］程翔.语文教育观不可随风摇摆——对用好统编本初中语文教材的建议［J］.语文建设，2018（13）.

［3］徐玉根.在"活动"中激趣导法 在"探究"中悟情明理——以"活动·探究"单元设计理念开展初中名著阅读教学的思考［J］.语文教学通讯，2018（35）.

［4］王涧."活动·探究"单元的顶层设计和教学实施［J］.语文学习，2017（11）.

探寻"互联网+"的作文改革之路

听、说、读、写,写是语文学习的最后一环,要将语文知识从吸收内化变成表达展示。写作需要知识的积累,但反过来,作文的练习不仅有利于学生积累、调配知识点,也能提高学生对语言的理解能力和运用能力。为了让学生学会通过作文获取正确的语文学习方式,建立自己的认知体系和表达方式,我尝试运用"互联网+"的方式引导学生自主写作,鼓励学生自由运用文库、微博、QQ群、微信公众号等多种形式收集素材,并对这些素材加以遴选、理解、融合、内化,形成自己的作品,让学生的作文以多元化的形式在互联网上呈现,收到了良好的效果。互联网的形象性、可扩展性和互动生成性,能将作文写作过程直观化、具体化和可视化,适合培养学生的发散思维,择取素材,发挥想象力,提高互动力。

一、以网选材,以材促写

以网选材,即采用网络的方式,为学生提供丰富的写作素材,唤起学生的构思热情,激发学生浓厚的写作兴趣,培养学生形成一种发散式、体验式的写作思维。例如在教学生写《你的美照亮我的心》时,我把全班学生分成三大组,每组选择一个小问题:"你是'谁'?""'美'指哪些方面?""'照亮'有什么含义?"分别上网查找相关资料,然后组内再合议,最后小组派代表向全班展示。

学生展示的内容丰富多样,如"你"可以是人,也可以是物,还可以是景；写作时必须用第二人称，切忌写成"他"；在数量上只能写一个，不能写多个，切忌写成"你们"。"美"可以指内在美，可以指外在美，可以指现实美，也可以指艺术美。"照亮"是一个动词，本意是给予光明、提供光亮，在写作时可以使用它的比喻义，即启发人深思、指引人前进、帮助人站立、影响人生命等影响重大、刻骨铭心的意思。

在教师的引导下，学生利用网络，"宽"聚材，"严"选材，从而找到自己想要的典型材料和独特视角。通过网络多层次、多方面的思维导向，学生的选材立刻就丰富起来，写出来的作文不再是千篇一律、大同小异，各种有新意、有个性的选材如雨后春笋般纷纷破土而出，"我手写我心"的真情实感让教师目不暇接。

二、自主收集，融合内化

小组合作确定素材的方式虽然操作方便，见效比较快，但对学生个体来说，应用并不广泛。因为在大多数情况下，学生是独自面对一个作文题目，冥思苦想，绞尽脑汁无从下笔。这时，教师就应该引导学生善用互联网，用好互联网，把"互联网+"思维真刀实枪地应用于自己的作文实践中。

作家刘震云曾这样教自己的女儿写作文：先到网上收集40多个相关主题的文章，把其中自己认为好的语段摘录下来，重新拼凑成同一主题的文章，但不能让老师发现其中有拼凑的痕迹。刚开始，女儿听了很高兴，以为可以不用自己动手写了，结果发现，这样拼凑比自己写还累。但是，在这种"互联网+"的写作选材中，她不知不觉就学会了运用素材、衔接语句，从而准确地把自己的意思表达出来。

我们在作文教学中也可以这样鼓励学生：能写的，就自己动笔先写。写着写着，如果感到思路卡壳，就上网多看看别人的写法，再摘录其中漂亮的语段，打乱并重新组合，拼成自己想要的作文。写好之后，再来重新审视一下：作文的思路清晰吗？有没有前后照应？想要表达的中心是什么？能不能使用对比手法让它更加突出？详略处理得是否合理？能不能用上一些修辞方法，让作文更有文采？

如一次在写亲情类的作文时，一位学生写的是伯母，因为他在县城读书，长期寄住在伯父家。伯母工作繁忙，平时与他交流不多，周末得知他赶着去上兴趣班，急忙给他下了一碗面。他将这件事写进了作文，写得平实简单，不到400字。我发现这个问题后，引导他通过网文对比，反复修改："伯母的哪些语句让你最感动？详写了吗？面煮得怎么样？当时情景如何……"经过仔细斟酌，他表示忘了面的味道，但对伯母当时的语气和皲裂的双手印象深刻，于是我指导他详写伯母煮面前后的语言动作和双手的外貌，并利用照片插入一段对伯母纤纤玉手的回忆，前后对比，真情流露。最后，这篇习作成功发表在《河源日报·教育版》。

现在，通过与多篇网络文章的对比，学生明晰了文章的结构，梳理了行文脉络，加深了对文章的体悟，不仅能高质量地评价自己的作文，就连以前觉得头疼的自己修改作文也能轻松应对了。

三、展示发表，多元评价

传统教学中，对学生作文的评价只有分数和教师评语，容易片面化、主观化。在语文作文课中运用"互联网+"的方式展示或发表，使学生的作品能得到更全面、更大量的评价，对写作的促进效果更明显。

没有引入互联网之前，作文好像只是学生一个人的事。写得好，最多在班里朗读一下，老师点评一下，收获一点掌声，对学生的激励作用微乎其微；写得不好，生怕别人看见本子上老师的评语比自己的作文还多，一发下来就藏得严严实实，直到下次作文才敢拿出来。这种单一的评价方式常常使教师的热情批改付诸东流，也使学生对作文日渐失去信心和耐心。

引入互联网展示之后，学生的作文有了多种渠道的评价方式。首先，对于比较优秀的作文，教师可以指导学生选择合适的网站、纸质媒体或公众号，利用QQ或微信联系编辑，了解投稿要求、版面设置，并按要求修改自己的作文，然后尝试投稿。其次，选择一个合适的网站，建立班级集体空间，每位学生都可以建立自己的账号，在网络空间上传自己的习作，可以是纯文字的，也可以配上图片和音乐进行美化。同时，每位学生可以设置自己文章的查看权限，受邀请的人可以查看、点赞或评价。

在多种展示途径开放后，学生不仅能看到家长、老师、同学对自己作文的点赞与建议，还能通过评价别人的作文来对比自己的写作方式，改进自己的写作方法。互联网特有的综合性和开放性，使作文的展示形式多样化、评价方式多元化。有了这些形式多样的展示与评价，学生的写作热情和写作兴趣空前高涨，每当有佳作完成，他们都迫不及待地用QQ或微信联系报刊编辑，并上传作品。近年来，每班每学期均有四五篇作文在省市报刊上发表。

"互联网+"是新时代的思维趋势，在很多行业都引起了巨大变革。我将这种方式引进作文教学实践，既能提高学生写作的效率，引导学生完善自身的知识结构，培养学生勤于动脑、善于思考、乐于动笔、敢于评价修改的良好写作习惯；同时也能唤起学生的构思热情，激发学生浓厚的写作兴趣，让作文课堂绽放出最美的思维之花，使学生养成自主探究、勇于创新的学习习惯，不仅能使学生在学习上受益，对学生的终身发展也具有重大的意义。除了已经实践的三个方面之外，"互联网+"在其他方面还有很大的创新价值，有待以后与同行们共同探索。

提高名著导读课有效性的策略探究

河源市广州大学附属东江中学　黄东梅

叶圣陶先生说："国文教学有它的根本任务，就是阅读和写作。"王荣生先生说："阅读，始终是读者自愿、自主地与文本对话。"叶圣陶先生强调了阅读对语文教学的重要性，而王荣生先生则点出了阅读的本质。近几年，统编教材的推行更是将名著阅读纳入了课内，使名著阅读得到了应有的重视。然而，纵观一些学校名著阅读的推行情况，却不容乐观。因为越是经典的作品，离学生的生活经验、语文经验越远，学生越不会主动去阅读，就越不会自然而然地喜欢。加上许多一线教师仍然将名著阅读看成学生的事，只有阅读任务的布置，没有导读课，没有检查落实，没有阅读分享，从而导致名著阅读无法落地生根。那么，如何让学生喜欢读并且读了之后觉得喜欢呢？如何让一线语文教师会教并且教有成效呢？下面以《西游记》的导读为例，谈谈名著导读课实施的几种做法。

一、巧激趣，促自主阅读

"越接近学生已有的认知经验的阅读材料，越能激发起他们自主阅读的兴趣。"因此，我们从学生最熟悉的孙悟空一个筋斗就有十万八千里入手，用设疑激趣法，激发学生自主阅读的兴趣。

【附】教学实录

播放《八戒大战流沙河》的视频。

师：孙悟空一个筋斗就有十万八千里，区区八百里宽的流沙河为何能挡住师徒西去取经的道路？

生1：唐僧过不去。

生2：让悟空背着他飞过去啊。

生3：这样肯定不行，如果这样也行，那就让悟空驮着师父直接飞到西天取回真经就行了，何必斗妖降魔？

……

师：真相如何呢？请大家快速浏览第二十二回，看谁最快找到答案。

3分钟过后，有学生举手。

生4：悟空不能背唐僧飞过流沙河，因为唐僧肉身凡胎是无法腾云驾雾的。"遣泰山轻如芥子，携凡夫难脱红尘。"

师：倘若悟空可以背唐僧翻一个筋斗就飞过流沙河，会出现怎样的结果？

生：西天取经就会变成轻而易举的事了。

师：对！"若将容易得，便作等闲看。"想要取得真经，必须历经九九八十一难，一步一步地走到西天。那么，这一路唐僧师徒经历了什么磨难？悟空为何有如此高超的本领？唐僧师徒的身世如何？许许多多谜一样的问题等着我们去解决。让我们一起走进这本充满奇幻色彩的神魔小说，一起体验这艰辛而又有趣的西天取经之旅吧！

……

每一本书在开始阅读之前，教师最好能抓住该书与读者的契合点进行激趣。因为经过设疑激趣后，学生能产生好奇心，从而愿意自主阅读。

二、教读法，养良好习惯

仅有阅读兴趣是远远不够的。PIRLS（国际阅读素养进步研究）对各地区学生的阅读行为、阅读兴趣做了全面调查，从中发现了一个矛盾的现实——不少学生的阅读兴趣高，却较少自主地参与阅读活动。这也是我们的现状。特别是经典名著的阅读，这种情况更为严重。因此，教给学生阅读的方法，培养他们形成良好的阅读习惯，显得尤为重要。

在推动《西游记》这本名著的阅读时，我们在导读课中主要运用了问题导读法、跳读圈画筛选信息法、浏览复述故事法、精读批注品悟法，主要培养学生睡前阅读及批注式阅读的习惯。

我们利用每周的课内导读课落实读法的指导。

如在激趣之后，我们安排学生阅读第一回。首先，我们在阅读之前出示问题。

1. 石猴与一般的猴子有何不同？

2. 石猴是怎么得到"美猴王"称号的？

3. 石猴为何要离开花果山去求仙访道？

4. 石猴是经由谁的指引才寻到菩提祖师的？

5. 石猴求仙历经多长时间？经过了哪些地方？

6. 菩提祖师为何给石猴起名"孙悟空"？

接着，我们教给学生跳读的方法，让学生学会跳过与问题无关的信息（诗词、环境及外貌的铺陈），快速圈画自己需要的信息。先是在课内教会学生跳读圈画筛选信息法、浏览复述故事法、精读批注品悟法，然后建议具体的章回可以运用哪种阅读方法（具体读法的选择权由学生自己决定）。如唐僧四师徒的身世（第一回、附录、第十四回、第十五回、第十八回、第二十三回）可以运用跳读圈画筛选信息法，齐天大圣大闹天宫的故事（第四至七回）可以运用浏览复述故事法，书中精彩的篇章（第六回"大圣大战二郎神"、第二十七回"孙悟空三打白骨精"等）可以运用精读批注品悟法。

学生掌握了读书方法之后，教师还得重视阅读习惯的培养。通过写批注式读书笔记和评选"最佳读者"的活动来培养学生边读边批注的习惯，通过开展"睡前名著阅读"的打卡活动来培养学生每天阅读的习惯。

三、巧规划，抓有效施行

有效的阅读既需要有自主阅读的兴趣，也需要科学读法和良好阅读习惯，还需要有效的任务驱动及充分的时间保证。因此，我们利用县教研中心组织全县语文骨干教师整理出来的导读问题来作为每天阅读的基本驱动任务，要求每位学生每天至少要完成两回的阅读任务，每周完成十四回的阅读任务，每周的导读课都做好科学的规划。整本书的阅读时间为八周。

第一周：任务是阅读第一至十四回。

1.跳读了解孙悟空及唐僧的身世。

2.精读孙悟空大闹天宫的章回，批注孙悟空的人物形象，并写一篇800字左右的批注式读书笔记。

3.阅读课任务：激趣+读法指导。

第二周：任务是阅读第十五至二十八回。

1.浏览第十五回、第十八回、第十九回、第二十二回，了解收白龙马、猪八戒及沙悟净的过程。

2.精读第二十七回，归纳该回的故事情节并探究情节的特点。

3.比较阅读三打白骨精与斗黑熊怪、收貂鼠精的故事，分析故事情节的异同，每个小组上交一篇1000字左右的分析报告。

4.阅读课任务：探究情节特点。

第三周：任务是阅读第二十九至四十二回。

1.浏览第二十九至四十二回，圈出地点和人物，了解故事情节。

2.阅读课任务：

（1）表演"八戒激将请悟空""悟空巧戏黄袍怪"。

（2）批判性评析：对待妖是否可以不择手段？你是如何看待八戒、沙僧摔死黄袍怪的两个孩子这件事的？

第四周：任务是阅读第四十三至五十六回，探究故事情节"离奇而不悖常理，玄幻而自有逻辑"的特点。

第五周：阅读课安排中期分享：我最喜欢/讨厌的一个人/妖。继续阅读第五十七至七十回，批注阅读第五十九至六十一回，感受孙悟空三调芭蕉扇的艰辛。

第六周：阅读第七十一至八十四回。阅读课精读第七十八回和第七十九回，感受四师徒的机智和大爱。

第七周：阅读第八十五至一百回。阅读课精读第九十八回，批注如来佛祖的性格特征，探究小说的主题。

第八周：整体阅读。

1.任务：一是跳读，绘制西游路线图；二是比较阅读，分析孙悟空取经前与取经后性格的异同，并探究发生这些变化的原因；三是归纳主要人物形象，并做成人物故事卡。

2. 活动：根据阅读成果（书中批注、读书笔记、西游路线图、读书小论文、人物故事卡）评出"《西游记》十佳读者"。

通过这样具体地规划每周的阅读课及课外自主阅读，推动《西游记》的阅读。从学生呈现的阅读成果来看，这本名著的阅读达到了预期的效果。

四、勤检查，促人人落实

当然，名著的阅读推行还得依靠教师的定期检查、及时督促，因为有一些必读名著是有一定的阅读难度的。特别是像《西游记》这样的长篇巨著，若无教师的督促检查，有些学生是很难读完整本小说的。我校在推行《西游记》的阅读，要求语义教师在布置阅读任务时，一定要考虑阅读成果的可见性，并要求他们有阅读任务的布置，就必须检查落实。如果教师兼顾不过来，也一定得培养得力的语文科代表去检查落实。在教师的严格督促下，我校七年级的学生都顺利地读完了这本书，没有人掉队。

由此可见，推动名著阅读，教师的督促检查是至关重要的。

五、重分享，树阅读自信

"阅读自信心越强、阅读态度越好的学生，阅读成绩也越好。"那么，名著阅读该用什么方法来提升学生的阅读自信呢？我校在推动名著阅读时非常重视创设阅读分享平台，每学期的开学第一周被设为阅读分享周，每周的阅读课也会设置一些讨论分享的活动。阅读分享有效地调动了全体学生参与阅读活动的兴趣，培养了他们的阅读自信，提升了他们的阅读素养。

下面以我校《西游记》的阅读分享为例谈谈阅读分享周的操作流程。

时间：一周。

第一节课：品析书中人（人物可以让学生自由选择，也可以教师指定。学生利用课外时间小组讨论，准备发言稿，确定发言人。语文科代表负责监控总体情况，尽量使各小组发言的内容不同）。

第二节课：故事大比拼（利用课外时间，小组内先PK，选出本组故事大王。课堂上让每组的故事大王在讲台上进行西游故事大PK，由每组派一个评委坐在前排进行打分，评出"西游故事大王"，并给予奖励）。

第三节课：演演书中戏（每组选一个经典情节改编成剧本，组员即是演员，利用课余时间自编自演，时间为5分钟。评委为本班科任教师。评出"最佳表演组""最佳演员""最佳剧本"，并给予奖励）。

第四节课：剧情大改编（利用课余时间挑一个自己不喜欢的情节进行改编。学习小组评出最佳改编作品，在分享课上进行分享。由每组派一个评委坐在前排进行打分，评出"西游故事改编王"，并给予奖励）。

第五节课：读书成果展览会（将已评出的"精批细读典范书籍""20佳路线图""50佳读书笔记""创意读书卡"进行展示，整个年级利用这节课进行参观学习）。

名著阅读的推广不是一个口号，它需要我们语文人用育人的情怀，实实在在地引导学生读书，教会他们读懂有一定难度的书，让他们慢慢地爱上读书，享受读书带来的愉悦。

参考文献

［1］王荣生.阅读教学设计要诀［M］.北京：中国轻工业出版社，2014.

［2］祝新华.促进学习的阅读评估［M］.北京：人民教育出版社，2015.

［3］（美）鲍里奇.有效教学方法［M］.7版.朱浩，译.南京：苏州教育出版社，2014.

投石激浪　抛砖引玉

——浅谈初中语文课堂提问的艺术性

河源市连平县大湖中学　曾春媚

语文课堂教学提问，是在课堂教学过程中，根据教学内容、目的、要求设置问题进行教学问答的一种形式，是教师教学的重要手段和教学活动的有机组成部分，是语文教师教学能力和教学技能的集中反映，直接影响着教师的教学质量。

如今，"注入式"教学方法不再受到学生的欢迎，而合作、讨论、探究式的教学方法正在逐渐成为一种重要的教学方法。如果教师提的问题有启发性，那么学生就乐于思考、乐于回答，对其学习新的知识就会产生一种促进作用，课堂上就不是死水一潭，学生不至于做简单的问答游戏。但是国内近年研究表明：中小学语文教师平均每堂课的有效教学提问仅为56%，这意味着教学中将近一半的教学提问是无效或低效的。

因此，深入研究语文课堂教学提问的理论，加强教师教学提问艺术的修养，是每位初中语文教师应该认真思考和努力探讨的课题。

一、课堂提问存在的问题

随着课程改革的深入，许多教师都意识到课堂提问的重要性，试图以这个语文教学中的常规武器来调动学生的积极性，提高教学质量。但由于缺乏理性的认识和深入的研究，课堂教学虽然取得了一定成绩，同时不可避免地产生了一些问题，主要体现在如下几个方面。

1. 缺乏创造性的提问

提问没有新意，篇篇文章提问相差无几，如"文章分几段""各段大意是什么""文章中心是什么"……或提出的问题空泛、难度大，如一开篇就问学生"课文写的是什么""写作特色是什么"，让学生丈二和尚摸不着头脑，因为他们对课文内容还没有全面的感性认识，怎能作答？

一般来说，学生注意那些引起他们情绪反应或自己感兴趣的事件、形象或读物，而缺乏兴趣往往是学业不成功的主要原因。没有创造性的提问不能够激起学生的求知欲，久而久之，学生会对提问本身没有了疑问和惊奇。没有新鲜感，就更谈不上创造性思维的培养和学习能力的培养了。

2. 问题过于烦琐，缺乏思考价值

有些教师喜欢问"是不是""好不好""对不对"等，这样的提问陈俗迂腐，学生的思维得不到训练，有些学生还会不经大脑思考，胡乱猜答案或人云亦云，导致学生思维懒惰，学习无兴趣。

教师提出的问题如果只是识记或理解低层次的重复，缺乏质疑、互动、提升，毫无疑问，这样的问题不能够产生"一石激起千层浪"的效果。

3. 问题过于预设，缺乏生成

任何科目教学，没有预设都是不可想象的。教师只有对整个教学过程有较为充分的预设，才能为学生带来一堂精彩的讲课。但是任何事情都有自身的度，如果过于预设就会干扰学生的思维形成。由于教师在设计问题的过程中对问题的解决已经有了初步的结论，教师在授课过程中总会不自觉地按照自己的思维体系来要求学生。当学生有了不同的意见时，教师如果不能很好地引导，忽视学生在问题解决时的生成性，久而久之，不但会禁锢学生的思考空间，影响学生学习的积极性，也不利于创造性思维的形成。

4. 对学生的评价体系不够健全

提问是联系师生情感的纽带，是沟通师生教与学的桥梁。它将教师的意图传达给学生，又将学生的情况反馈给教师。这种纽带本身就是鼓励和督促学生对课程及时地消化。但是有许多语文教师在学生回答完问题后，缺乏积极的评价。新课程评价关注学生的全面发展，不仅关注学生的知识与技能获

得情况，更关注学生学习的过程与方法以及相应的情感态度与价值观等方面的发展。现如今，语文课堂上的评价体系与新课程的要求仍有一定距离。

5. 其他问题

提问急于求成、时间把握不到位，有些教师发问后，还没有给予学生足够的思考时间就要求立刻作答，这样只会压抑学生的思维训练；提问对象过于集中，只着眼学优生，忽略学困生，容易挫伤学困生的积极性；教师应变能力欠缺，课堂提问出现冷场时，显得手足无措；提问方式单一、乏味，难以活跃课堂气氛；师生关系缺乏民主性互动；等等。

以上种种做法都是不科学的，不仅收不到预期的教学效果，还会扼杀学生的学习积极性。人类的求知欲是从问题开始的。因此，语文课堂教学中提问最重要的作用就是必须激发学生思考，怎样提问才能激发学生思考呢？我们从教学实践中不难得出结论：①课堂提问必须适度，理想的提问应该考虑课本、学生两者实际，所提问题应该具有指向明确、综合性强、思考量大的特点；②课堂提问方式应呈多样性，增强师生互动，丰富教学活动，提高学生回答问题的积极性。

二、语文课堂提问讲究适度原则

课堂教学重在引导，而引导方法贵在善问和会问。理想的课堂提问模式应该是深与浅、远与近的最佳结合，即问题应有趣味性、挑战性而又有充分的延展性。教师进行问题设置，应从角度、难度、跨度、广度、评价尺度等方面考虑，使学生的思维活动由已知逐渐导向未知。

1. 角度新颖

同一个问题，由于提问角度不同，效果也往往不一样。所以，提问应当尽量回避"是不是""怎么样"等一般化、概念化的套路，变换出新颖的角度。初中语文课堂提问应结合教学的不同环节，分清主次，提出各种问题。提问的着眼点应该是内容的关键处（教学的重点、难点）、矛盾处、题眼处、规律处、作者的深刻感悟处……抓住这些内容提问，往往会牵一发而动全身，对理解课文有事半功倍的效果。

（1）抓住兴趣点提问。所谓兴趣点，就是能激发学生学习兴趣、发挥学生非智力因素、促进阅读理解的知识点。如《背影》教学导入时，可以让学生回忆最难忘却自己父亲的是什么：充满关爱的眼神？爽朗的笑？厚实的双手？扎人的胡须……这样抓住兴趣点提问，以故事理解故事，以情感体验情感，回眸自己，对应作者，推己及人，认识生活，既激发学生学习的积极性，又能引导他们自觉学习课文。

（2）抓住疑难点提问。抓住疑难点提问，可化难为易，帮助学生突破难点，更好地理解课文。如教学《捕蛇者说》一课时，为把握作者写作意图，有的教师会这样设问：①"永州之野产异蛇"，异在何处？②作者要突出"之异"中的哪一点？为什么？③捕蛇者为何不肯更役复赋？学生通过对这几个问题的思考、讨论、回答，自然弄懂文章中心——揭露封建社会横征暴敛的罪恶，同情广大劳动人民的悲惨遭遇。这样提问能化难为易，引导学生找到问题解决的突破口。

（3）抓住发散点提问。在阅读教学中充分挖掘教材因素，抓住发散点提问，对培养学生的创造力十分有益。如《背影》"月台送行"情节，作者望着父亲前去买橘子的背影，"泪水很快地流下来了"。对此，教师设问："你认为哪些因素使作者望着背影而流泪？"学生纷纷回答：①父亲穿戴"黑布小帽，黑布大马褂，深青色棉袍"，而自己身穿"皮大衣"，儿子内疚而落泪；②父亲年老有病，步履蹒跚，行动不便，却"爬上爬下"为自己买橘子，感动而流泪；③父亲失业，生意亏本，生活不如意，作者为父亲今后的生活担忧而落泪；④不能在父亲身边尽孝心，从此人各一方，伤感而落泪。这样，不仅可以培养学生多角度的思维能力，也促使学生体会作者泪眼中望父亲背影这一行为蕴含的丰富感情。

（4）抓住关键点提问。如分析《在马克思墓前的讲话》，教师可抓住这篇文章思想深刻、语言准确的特点，向学生设问：为什么在这篇文章中，恩格斯对马克思的逝世不用"停止了呼吸""心脏停止了跳动"，而用"停止了思想"来表达？于是，抓住词语对表达思想感情的作用，启发学生积极思维，引导学生懂得马克思是无产阶级伟大的思想家，他创造了共产主义学说，给人类留下大量珍贵的思想财富。因此，用"停止了思想"十分准确地突出了马克思作为伟大思想家的形象。

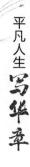
2. 难度适中

设置具有一定难度的问题，可使学生实现智力和知识由现有水平向更高层次飞跃、迁移。教育过程不是重在学生已经完成了的发展过程，而在于学生现在仍处于形成状态、正在发展的过程。所以，教师在备课时应精心把握设疑的尺度，问题应难易适度。问题过于简单，提问就会流于形式，不利于培养学生分析问题的能力，达不到刺激学生思维的效果；问题太难，又会使课堂陷入停顿状态，学生产生畏难情绪。因此，设计的问题必须难易适中，既要符合学生的知识发展水平，又能与教学目标紧密结合。

3. 跨度合理

从知识的联系性来说，教师设置的问题应有一定跨度，使学生的知识点得以联系。跨度不能过大，应结合学生实际，为学生增设台阶，使之能拾级而上，层层深入。如《背影》教学，为了让学生明确文章的线索，教师可以设计几个层次分明的问题：①文章对父亲描写最多的是什么？②文章几次写到父亲的背影？③其中写得最详细的是哪一次的背影？④文章以"背影"为题有何好处？四个问题解决了，文章的线索也就清楚了。这样解答问题，学生的思维也会逐步提高。

4. 广度兼顾

提问要兼顾广度，切忌专为少数人设置。"面向全体学生"是新课程提出的理念之一。然而，有不少教师往往喜欢提问少数学优生，而对于那些学习成绩较差的学生，总是怕他们答不出或答不正确而避开他们。这就使大部分学生在教师提问时不会积极思考、主动参与，把自己当作局外人，导致他们的学习能力和学习积极性每况愈下，这是与"面向全体学生"的新课程理念相违背的。因此，教师在提问时要注意提问的面，要根据问题的难易程度，有目的地选择不同层次的提问对象，并用适当的语言提醒其他学生聆听，从而使人人拥有思考、回答问题的机会和责任感。

5. 评价尺度到位

对学生回答问题的评价，首先要肯定学生回答得"对不对"，其次要评价"好不好"。通常，教师要做出标准的示范。课堂上，教师应保护学生思考的积极性，这就要求教师做到以下几点。

（1）以表扬为主。即使批评也要体现爱心，不能伤害学生的自尊心。在课堂提问中，常常会遇到"不会回答却抢着回答"的现象，对于这样的学生，教师应循循善诱，而不能"喜怒于色"。

（2）鼓励求异。允许学生持有不同的见解，不要轻易下"不正确"或"错误"的结论，即使课堂时间不允许深入探究，也应在课后对学生有交代。

（3）帮助有困难的学生。在课堂提问中，碰到学生站起来说"不会"的情况，这时教师可以复述问题，鼓励学生作答，或者添加辅助性的问题来引导作答，或者快速转变提问方式，比如让其主动邀请好友帮忙作答，既可解决问题，同时也可锻炼学生的人际交往能力。即使多次启而不发，也要请学生先坐下，这种评价对转变学困生、大面积提高教学质量是大有益处的。

三、语文课堂提问方式倡导多样性

讲授一篇课文，语文教师应在吃透教材和了解学生的基础上精心设计问题。这些问题应紧密关联，由浅入深，太浅显的不必问，太艰深的不宜问，难度较大的可分几步问。总之，要改变课堂提问的随意性，采用多样性的提问方式，这样才符合青少年生理、心理发展的规律，同时可培养学生广阔的思维能力。

1. 采用引入式提问

引入式提问通常用在新课开始阶段，目的是激发学生学习新知识的兴趣。如讲授《孔乙己》一课时，有些教师便会提问："'孔乙己'是谁的名字？"有些学生不假思索地回答："孔乙己。"此时，教师可向学生介绍古人的姓名文化常识，学生便会得知"孔乙己"只是一个绰号而已。教师可再度设问："孔乙己读了一辈子书，为什么连个名字也没有？"这样顺势引导学生认识孔乙己没有名字的深刻性，突出教学重点。

2. 采用比较式提问

善于分析综合，学会比较鉴别，从矛盾中发现问题，是学生创造性思维能力的又一标志。比较式提问即用比较的方法提问。如《孔乙己》一课中，造成孔乙己悲惨命运的社会原因是封建的科举制度，教师提问："要是孔乙己没有读过书，他会是一个怎样的人？"学生的想象非常丰富。有的说他肯定是一个普通的农民，过着清贫生活；有的说他好喝懒做，应该是一个流浪汉；有的说他可能穿着短衣站着喝酒，在酒店里嘲笑另一个穿长衫而站着喝酒的"孔乙己"；有的说他也许是丁举人的"保安"，因为他身材高大。但无论如何，他都不会夹在"长衣帮"和"短衣帮"之间。由此可见，封建科举制度对中国读书人及中国人民的摧残之深、危害之大。再如讲授《范进中举》一课时，在要求学生理解小说描写了怎样的社会环境这一问题时，可从浅处提问：范进中举前后，众乡邻、胡屠户及张乡绅的态度有何不同？通过引导学生对比，就会较容易理解当时社会的世态炎凉。

3. 采用紧扣式提问

紧扣式提问是用一环扣一环的连串问题发问，培养学生的思维连贯性。这种方法特别适用于一个问题讲完后，由浅入深地引导学生归纳总结；或把一个难度较大的问题分解为若干小问题，由浅入深地逐步追问。如讲授课文《沁园春·雪》时，如果教师直接问："词的上阕写景与下阕评古论今有什么联系？"学生恐怕难以跨越问题的鸿沟。那么，教师应该根据学生实际情况设计几个较容易的问题，以降低问题的难度：①词中承上启下的关系说明下阕由景到人，作者用哪个字概括他对哪些历史英雄的评价？②作者这样评论古人的目的是什么？③歌颂今天的哪种人？④这首词的主旨句是哪句？你如何理解？这样使学生由易到难，由已知到未知，循序渐进，逐步达到对原来较难问题的理解——上阕写景是下阕评古论今的基础。一组从易到难、环环相扣的设问，在教师的引导下，学生对课文重难点的学习便较容易掌握。

4. 采用情境式提问

要激发学生的思维动机，关键在于教师要想方设法地为学生创造情境，为学生的思维创造一种氛围。情境教学指运用具体活动的场景或学习资源，以激起学习者的学习兴趣、提高学习效率、触发创新灵感的有效方法。

现代教育技术为创设情境提供了条件。比如主讲《水浒传》基本文学常识时，作者笔下一百零八好汉各具特色，不尽相同，是小说刻画人物形象的典范。教师在分析重要人物性格基础上，可展现各人物画像，由学生自主辨认、识别、分析"黑旋风""花和尚""豹子头""小李广"等好汉。又如在讲述《二泉映月》这类音乐专业知识较强的课文时，完全可以在上课前欣赏阿炳的代表作，并向学生设问，谈谈听觉感受，然后领略阿炳的音乐造诣与传奇人生。古诗学习中，教师在条件允许的情况下，可展现中国山水画图片或民族音乐，并在此情境中提问，这样往往会提高学生学习古典作品的积极性，因为古诗常常讲究"诗中有画，画中有诗"的特点，既能加深学生对古诗词的感性认识，同时也是一种审美教育。

四、结语

语文教学要真正实现"对话"，课堂提问就必须以启发思考为其灵魂。"学校是让人思考的场所"，提问就是为了激发学生思考，它不仅仅是一种教学手段，更是一种教学艺术。新课改对语文教师提出了更高、更全面的要求，教育者必须对这一教学艺术进行研究和探索，做好学生学习的引导，精心组织课堂提问，有效提高学生的语文能力及语文素养，提高教学水平，真正实现投石激浪、抛砖引玉之效。

参考文献

［1］徐忠祥.课堂提问的琐屑化现象透视［J］.语文教学与研究，2006（2）.

［2］孙春成.语文课题提问研究策略［M］.南宁：广西教育出版社，2003.

［3］刘显国.课堂提问艺术［M］.北京：中国林业出版社，2000.

［4］龙华.课堂提问方法浅谈［M］.北京：中国文联出版社，2002.

［5］孙春成.语文课堂教学艺术漫谈［M］.北京：语文出版社，2003.

［6］李如密.教学艺术论［M］.济南：山东教育出版社，2002.

［7］中华人民共和国教育部.语文课程标准（实验稿）［S］.北京：北京师范大学出版社，2001.

写作训练中的求异、发散、创新

河源市和平县实验初级中学　何　征

苏联教育家苏霍姆林斯基说："在学生的脑力劳动中，摆在第一位的并不是背书，不是记住别人的思想，而是让学生本人进行思考。"语文教学的整个过程就是诱发学生思维的过程。其中作文教学中的思维训练，能激活学生的写作思维，培养学生良好的写作思维品质。作文教学中的思维训练主要分为求异性、发散性和创新性。

一、求异性思维的作文训练

求异性思维的作文训练，力求引导学生敢于和善于发现别人未发现的东西，见人未见，想人未想，发表与众不同的见解。通过训练，使学生对文章的立意角度完成多方位、深层次的发掘，追求多种思维角度、多种思维层次、多种思维逻辑和多种思维结果，培养了学生思维的广阔性。

在学习鲁迅的小说《孔乙己》一课后，让学生写作《孔乙己挨打》，可按照"为什么挨打——怎样挨打——打得怎么样"的方式来安排结构，先写孔乙己怎样翻墙入宅，又怎样写服辩、怎样被打折了腿，最后写被打得皮开肉绽，扔到大门外。这时，我让学生打破常规，运用倒叙、插叙等记叙顺序，巧妙安排全文，思考后回答，看谁安排得巧妙。以下四位同学设计的开头均较为新颖。

1. "哎哟……"一声凄惨的喊叫声从丁举人的深宅大院里传出来，划破了寂静的夜空，四五根棍子雨点似的落在孔乙己的腰上，腿上……

2. "把他的腿给我打断！"丁举人坐在太师椅里喝令打手们。"哗"又一盆冷水泼向了孔乙己，接下来又是一阵杂七杂八的棍子。

3. "哗"又一盆冷水泼向了孔乙己，孔乙己的手指动了动。"快让他写服辩。"丁举人恶神似的指使着家丁们。

4. 丁举人大门外，孔乙己奄奄一息，双腿血肉模糊，想起刚才遭受的毒打，不禁又昏了过去……

通过提问，学生在思维中比较，在比较中思维，课堂中充满了热烈活跃的气氛，愉悦中训练了学生求异思维的能力。因为谁都想把自己的作文挂在班级、学校的"佳作文欣赏"栏里，谁都想让老师把自己的作文推荐到报纸上发表。

文章是写出来的、改出来的，但更重要的是想出来的。韩愈主张"行成于思"，叶圣陶先生说："作文不仅仅练笔，实为训练脑筋，使其就某一事物评悉思之，思之既明，取舍自定，条理自见，由作文启迪精思之途。"因而，突破思维定式的求异思维就更为重要了，它能锻炼学生写出一纸新颖，写出一纸风格，写出一纸独秀。

二、发散性思维的作文训练

学生在写作时都会花很长的时间去想该写些什么，很难打开思路。那么，怎样打开思路呢？

应借助发散思维的方法进行作文训练。

以作文题目为点，而后向时间、空间和含义三个方面延伸。

我让学生以《母亲》为题写一篇作文，从时间方面讨论：可以写春夏秋冬四季变迁中的母亲，可以写古代、近代、当代的母亲，可以写白天、晚上的母亲，可以写年轻、年老的母亲，等等。从空间方面发散：可以写中国的、外国的母亲，可以写田间耕作的母亲，可以写人的母亲或动物的母亲。从含义方面而言：可以写善良的、狠心的、漂亮的、丑陋的母亲；可以写有生命的母亲，也可以写无生命的母亲——养育自己的村庄、城市、山川、河流；可以写实实在在的母亲，也可以写不是母亲而胜似母亲的母亲……

由《母亲》的发散，学生引起了兴趣，又以《我的朋友》进行积极的训练。发散思维就需要这样的经常训练，可以迅速选定自己所需要的材料。有空的时候，不妨去想一想类似的题目：街上行色匆匆的人们将往哪里去？会遇见一些什么人、什么事？地上有一根头发，这是从哪里来的……尽管放胆去想，越离奇古怪越好，发散需要的就是"胡思乱想"。

三、创新性思维的作文训练

提倡创新性思维的作文训练，就是反对作文思维过程中的保守思想和从众心理，从而避免以传统的思维定式束缚自己。英国作家奥斯卡·王尔德说得好："第一个用花比美人的人是天才，第二个是庸才，第三个再用是蠢材！"文章的魅力就在于新：材料新，选取别人没有写过的材料；立意新，从人们习以为常的素材中挖掘出新颖的立意；手法新，别人写过千百遍的题材经过自己处理后，仍意味无穷；文笔新，平中见奇，朴中见色，质里见美。而文要出新，就要进行创新性思维的作文训练。

在进行创新性思维的作文训练过程中，可以着重培养学生关心生活、体味生活，从平凡而普通的生活中捕捉到闪光点，从常见而熟悉的日常生活小事、琐事中挖掘出内在的意蕴。

作文课上，我先出示两则以小草为题材的哲理短句："沉默的小草，往往被春雨滋润得多。""小草若长得像树那样高，还会叫人怜爱吗？"接着要求学生模仿这种写法，自己创作两则以小草为题材的哲理短句。这一命题的灵活性、开放性和思辨性点燃了学生创新思维的火花，学生跳出习惯思维的窠臼，思维空前活跃，写出许多视角独特、言简意新的佳作。有学生写道："对于小草，一滴雨、一条石缝就够了。"揭示了要求于人的甚少。有学生写道："若只有一棵小草，你能看到希望的绿？"点出了美在群体。还有学生写道："被践踏的小草，仍然挺直腰，笑面春风。"揭示了小草坚韧不屈、自强不息的精神。

作文是最富有个性和人文色彩的一种创新性思维活动，没有创新就没有文学。作家王蒙说："写文章要敢于打破旧框框，要敢于创新，一粒沙那么大的新，一粒微尘那么大的新，也比一座山那么大的俗套子有价值。"

在作文教学中，经常有意识、有侧重、有的放矢地进行求异性、发散性和创新性等思维训练，是提高语文素质、提高学生写作能力与水平、发展学生写作个性和特长的有效途径。

兴趣与科技创新　放飞学生的梦想

河源市和平县实验初级中学　吴鸣华

科学技术是社会发展第一生产力，是国家综合实力的保障。回溯人类文明进化的历史，其实就是科技发展的历史，正是一项项科学发明与创新的出现推动了社会向前进步。无论在哪一个国家，科技创新都是民族的灵魂，是国家兴旺发达的不竭动力。可以说，科技创新引领了一代又一代人类发展，推动了世界的进步。而在中国，中华儿女始终秉承着"少年智则国智、少年强则国强、少年独立则国独立、少年进步则国进步"的至上真理，鼓励青少年培养自己闻鸡起舞的动力，明白自己作为祖国未来栋梁的责任重大。所以，我们必须教育当代青少年参与到科技创新领域中，基于自身兴趣放飞梦想，强大自身，也强大祖国。

一、地球不流浪——看《流浪地球》，激发学生科技创新意志

有人说："科技太高深、创新太遥远，人们只能享受科技所带来的福祉，却不能参与到科技的开发进程中。"实则不然，创新本身就是人类的生活，人类生存于这个世界上，本身就是通过创新成长进步的，只要人们在日常生活中用心观察、积极思考、大胆突破、动手设计，就能做到时刻推陈出新、创新求变。正如习总书记所言："科技革命总是能够深刻改变世界的发展格局。"实际上，创新并不难，一个思想碰撞所产生的火花也能摩擦出意想不到的创新。创新要求的是更为深刻的思考，鼓励人类去追求本质上的东西，而培养青少年的创新意识则最为关键，不能仅仅停留在思考上，还必须

第一部分　教学篇

注重方法，那就是培养学生兴趣的方法，鼓励学生参与、放飞梦想的方法。

在我校所组织的科技创新第二课堂中，我组织学生共同观看了吴京主演的电影《流浪地球》，在观影后专门开展了"太阳不熄火、地球不流浪"的科技创新讲座。通过观影《流浪地球》，激发青少年爱科学、学科学、用科学以及探索科学的兴趣，全面提高青少年的科技创新能力与科学文化素养。在校内青少年科技创新文第二课堂中，围绕《流浪地球》所展开的系列讲座为大家讲解有关地球科学的相关知识内容。

如在讲座中，我就专门讲到了有关宇宙中心、地心说、日心说等宇宙知识内容，通过解读这些天文概念来告诉学生，科学探究也必须遵守实事求是的精神，这是科学精神的体现。了解宇宙要建立在实验观测数据基础之上，而并非臆测的观念来看待宇宙，以逻辑、数学、物理的语言来描述自然，且要求描述语言是可检验的。在深入讲座讲解过程中，我也会邀请学生共同参与讨论话题"地球是安全的吗"，主要从太阳系上升到银河系全方位讲解地球处于宇宙中的位置，所谓安全或者不安全都是相对的，如果从整个太阳系的宏观角度看，太阳系确实足够安全。但其主要原因还是太阳自身，因为它拥有太阳系中99.86%的质量，太阳风能够一直延伸到遥远的外太空，形成"日球层"，阻挡来自更远太空的宇宙射线。

在为学生讲解、与学生讨论《流浪地球》观后感时，我也与大家共同分析了有关地球流浪的根本原因，告诉学生要珍惜地球，因为地球永远是独一无二的，是人类命运休戚与共的大家园。而学生也会与教师津津有味地讨论，积极回答各种问题，参与到有趣的课题之中。

二、开拓新领域——参与机器人大赛，丰富学生新作为

在科技创新文第二课堂中，开拓科学教育新领域，让学生参与到机器人大赛中，也能丰富学生的科学学习行为，拓宽学生的科学认知视野。比如，我们将国内知名企业大疆邀请到校园中，专门围绕大疆所推出的"机甲大师S1"展开游戏教学活动，设立小型青少年挑战赛，分组参与到"机甲大师S1"的组装、Python语言编程以及组队射击对抗赛中。在我看来，"机甲大师S1"的Python语言编程内容相当智能，所赋予学生的学习体验也是非比寻

常的。学生参与到机器人的多元全新硬件搭配与组装过程中，在高性能机械臂、机械爪、红外线深度传感器、传感器转接模块以及水弹喷射枪游玩过程中体验机械机器人组装的科技感。而在Python语言编程自定义控制、重复高精度定位过程中，学生非常热衷于学习相关编程语言知识与物理知识。在学习过程中，许多学生投入50多个可编程传感器接口的学习过程中，与大疆技术专家共同讨论视频流、音频流等数据，在编写程序的多机协作过程中获得科技快感。

在兼具观赏性与技术性的校内青少年机器人射击对抗大赛中，学生们合理运用自身设置好的编程路线指挥机器人，主动设计战术路线，采用包抄、协作、曲线进攻、合作防守等方法专注于技术，赢得比赛胜利，感受机器人无限的智慧魅力。

兴趣与科技创新是当前教育的主题，而在体验、创新、成长过程中放飞学生的梦想是有价值的，激发了学生热爱科学，提高了学生科学综合素养，用科学的热忱展示学生的创造力与特长，这是我们作为教育管理者所希望实现的。

学生语文素养提升之我见

河源市和平县新社学校　黄雪妹

　　学生语文素养的提升是一线教师最为关注和关心的主要问题，课程标准中明确提出了语文素养的目标要求。而作为课程标准的落实者和执行者，一线教师在语文素养的研究上起到了不可忽视的重要作用。

　　"语文素养应该是指由语文课程活动为主导所带来的修养，其主渠道就是语文课堂教学实践。"有的教师回归到语文教学的基本方法上，提出了"应该坚守语文教学的课堂，加强学生的朗读、动手等语文实践，真正培养能力、提高素养"的观点。也有的研究者侧重于语文学习的某一方面内容，如在语感中通过吟咏诵读、潜心涵泳、言语实践等途径来提升学生的语文素养。

　　有的研究者则是着眼于语文课程本身，提出了利用选修课程的设置来培养和提高语文素养的构想。还有的研究者提出了"改进语文教学方式""鼓励学生朗读背诵""有效指导课外阅读""指导学生勤写多练""组织言语实践活动""开展语文综合性学习"等培养和提升学生语文素养的方法。

　　阅读教学是语文教学的重要内容，也是课堂教学的关键。利用阅读教学提升学生的语文素养是语文素养研究实践层面的重要内容，也是关注的又一焦点问题。有的教师提出通过古诗词教学"领略古诗词中的民族文化智慧""品味古诗词中的诗情画意美""感悟古诗词的韵律美""提高学生写作水平"，从而提高学生语文素养的观点。有的研究者提出在阅读教学中介绍与课文相关的知识，将新学与已学课文结合起来教学，拓展相关的文章或材料，突出知识学习和能力训练的一个方面等提高学生语文素养的策略。

立足于课堂教学和阅读教学是被广泛认可的提升学生语文素养的有效策略，除此之外，还有教师立足于新课程改革的精神理念，倡导通过学生"自主阅读能力的培养""语文知识的自主构建""自主探究能力的培养""语文知识的自主巩固"等自主学习的策略来提升学生的语文素养。

有的教师则考虑到教学过程中各个方面的因素，提出了从教师人格魅力的提升、学生学习兴趣的培养、学习方式的转变、民主氛围的营造、综合性学习的开展、听说读写的能力培养、作业的精心设计等全方位提高学生语文素养的主张。语文教师是语文课程的执行者和语文课堂的导航员，也是学生语文素养的引领者。提升学生语文素养的前提是提高语文教师的专业素养，其在语文课程的语文素养目标达成中起到了至关重要的作用。

学生语文素养的提升离不开语文课程的设计和开展，语文素养目标要求的贯彻落实更需要对课程标准的深入理解和研究。在这方面已有研究者开始关注语文素养与课程目标的关系，讨论培养提高语文素养的实施渠道等问题。

以读导写，以真成文

——浅谈初中作文指导自主高效的小策略

河源市广州大学附属东江中学　黄东梅

作文教学，一直以来都是语文教学的硬伤。不少一线教师的作文教学只有任务布置和批改两个环节，完全忽视了作前指导和作后讲评两个重要的环节。为什么会出现这样的现象呢？原因有二：一是有的语文教师忙着教材中课文内容的讲授，忽略了作前指导和作后讲评；二是有的语文教师根本不懂得如何进行作前指导和作后讲评。鉴于上述问题，我谈谈我在10多年的作文教学中摸索出来的粗浅经验，但愿能对正在苦苦摸索作文教学经验的一线教师有点启示。

一、以读导写，备足材料成佳作

"诗圣"杜甫曾说："读书破万卷，下笔如有神。"是的，广泛的阅读是写好作文的前提条件。我每接到一个新的班级，第一件要做的事就是推广阅读。每个学期，除了要求学生阅读课标规定的经典名著之外，我还会推荐一些与时代接轨的、学生喜欢阅读的书籍给他们。我最常推荐的两本书是余华的《活着》和东野圭吾的《解忧杂货铺》。学生通过阅读，丰富了自己的阅历，充实了自己的情感，对生活也有了比较深刻的感悟。阅读就像是准备做饭的材料一样，材料越充足，就越有可能做出丰盛的佳肴。

当然，丰富的材料离丰盛的佳肴还有一段相当遥远的距离。培养学生的动笔能力就像是培养一位优秀的厨师，需要经过得法的指导和反复的训练。因此，我从每周两篇读书笔记开始训练。我要求学生写的读书笔记有特定的模式。一篇读书笔记首先要有阅读时间、阅读书目、阅读方式，接着要有精彩文段的摘抄、人物关系及情节的梳理，最后要有自己的阅读感悟，其中阅读感悟不少于200字。

一名八年级的学生阅读《活着》的读书笔记中"阅读感悟"部分如下：

富贵活着多不容易啊！我感觉他是生不如死。他眼睁睁地看着自己心爱的人一个个离自己而去时，他是多么的痛苦与悔恨！假如当初他不那么好赌，假如当初他好好经营自己的家，假如他当初好好爱自己的女人，假如……可是一切没有假如，人生一旦错了，你就得为自己所犯的错付出代价。我的人生才刚刚开始，我千万不能像富贵那样，活成了自己最不想看见的样子……

她对这本小说有如此深刻的感悟！当然，也有学生的读书感悟并不深刻，但"一千个读者就有一千个哈姆雷特"，我也不会打击他们。我对读书笔记的批改采用星级法。只要写了的，我都给他们三星，最好的给五星，优秀的给四星。每周的阅读课，我还会让几名学生分享他们的读书笔记，激励写得好的学生再接再厉，同时也激发其他同学的创作热情。

二、以真成文，真情写作感人心

陶行知先生曾说："千教万教，教人求真；千学万学，学做真人。"其实，作文何尝不像做人一样？好的作文，往往是以真实而朴素的、普遍存在的情感去打动读者、引起共鸣的。为了引导学生领悟各种平凡而伟大的情感，我运用了名家名篇引领法及细致观察体验法。

一般的名家名篇，我都是直接在教材中选用，选择的原则是与本学期训练点相吻合。如本学期的八年级，主要训练点是"感亲恩"，其中选择了朱自清的《背影》作为引领的名篇。首先，我通过有感情朗读及情境渲染让学生沉浸在朱自清的父子深情中。其次，我重点引领学生细读"浦口送别"这一部分，特别是让学生精读描写父亲的语言、动作及作者心理的句子。我让学生明白：好文章贵在有真情，表达感情不需要惊天动地的故事，也不需要

撕心裂肺的嘶吼。就如朱自清的《背影》，父亲为儿子送行，攀过高高的月台，买来了几个橘子，事是极小的，然而联系起父亲当时的心境及处境，我们不由得像朱自清一样潸然泪下。最后，我让学生回忆自己的父母在不经意间为我们所做的触动心弦的事，并仿照"浦口送别"抓细节进行动作描写的方法，写一个小片段。

学生被朱自清的父子深情触动了心弦，很快就开始动笔书写父母对自己所做的感动之事。这次作文训练令我印象最深刻的是，一位平时厌倦写作文的学生竟然第一个将作文片段交给我。只见他写道："别人的孩子都让爸爸妈妈感到骄傲，而我却总是给爸爸妈妈脸上抹黑。记得上个星期，我和七年级的同学打架了，爸爸妈妈被级长'请'到了学校。我惭愧得无地自容。级长在向他们汇报我的情况时，我偷偷地瞄向爸爸妈妈，只见他们一脸无奈的样子。我想：这次该挨揍了。可是，回到家后，爸妈并没有打我，甚至连骂我都没有，只听到他们一声声长长的叹息。这一声声叹息，如一根根针，刺着我的心……"这种于细微处见真情的表述，不正是我们需要教给学生的方法吗？

而作文基础比较好的学生就不满足于片段模仿。他们也学习朱自清，渲染气氛，以某种线索贯穿全文，写出感人至深的好文章。如胡同学就以怀孕六甲的母亲的背影为线索，写出了一篇非常感人的作文："烈日如火，家长们都伸长脖子等候着……我的妈妈挺着硕大的肚子，像一只笨重的企鹅，她不时地用手敲着后腰，汗珠从她的脸上滑落。'妈妈，你坐着休息吧。我来排队。''这里太热！你到走廊上等我！'我顿时喉咙一紧！妈妈，您可是个身怀六甲的人啊……"

杨同学的作文也非常感人："我顶着呼啸的寒风，缩着脖子往家的方向艰难地前行。感觉走了好久，整个人都被冻僵了。好不容易到了家门口，我哆嗦着掏出钥匙，打开家门，只听见一阵哗哗的流水声从厕所传来。谁那么粗心？我心里暗想。我冲向厕所，顿时傻了眼。只见妈妈高高地卷起裤脚，正站在冰冷的水中，费力地洗着我的拉萨尼……"

由此可见，用好课本中的名篇进行真情引领，效果是显著的。

另外，我还让学生运用细致观察体验法，学会观察、体验、感悟平凡生活中的真情美。当自己被感动时，马上用笔记录下来，写出自己那一刻最真实的感受。如开学初，有一位学生没有吃早餐，我立刻到教师饭堂打了一份早餐给他。他在当天的日记中写道："平日，我觉得语文老师很严厉，不苟言笑，我有些怕她，不敢接近她。今天，她却像我的妈妈，在我肚子饿得咕咕叫时给我端来了热腾腾的米粉。吃着米粉，我的眼睛模糊了，是米粉的蒸汽湿了我的眼睛吧……"没有细致观察和用心体验，哪来的真情流露？

或许，我的作文教学还不成体系，但我仍坚持着！我相信，爱阅读的人，写出来的文字不会是单调的！我坚信，用真心对待生活的人，写出来的文字一定是有温度的！

（这篇论文在2017年第三届全国"三新"作文教学论文评比中获得一等奖，发表于2017年第6期《新作文语文教学研究》）

第一部分 教学篇

在《故乡》邂逅鲁迅

河源市连平县大湖中学　曾春媚

从读书到教书，每年都要与鲁迅"约会"，当真有点又爱又怨。少年的时候怨他的文章难懂，随着年岁的增长，读起来都是满满的爱与敬意！

又一年教《故乡》这篇文章，同样的文章却有着不同的感受，越来越觉得文章的别样风味。以前教它时带着任务，想着授课时间得快一些，经常三课时至多四课时得结束文章。这次我"任性"了一回，一篇文章上了一个星期，学生还是意犹未尽的感觉，我教完之后也回味无穷。温儒敏老师说："作为初中老师，读读鲁迅，很有必要！"我读教本文之后，收获有五。

收获一：带领学生了解鲁迅生平和时代背景之后再读文章，更有共鸣。学生先看了文章内容后，我问他们有什么感受。学生们说："挺好笑的，少年闰土很可爱，还有圆规太好笑了！"大家都笑哈哈的。之后，我请大家一起找寻鲁迅写本文的背景，一起去了解当时的中国，了解当时的农村，骤然的落差，大家了解完之后都沉默了。因为学生生活在和平年代，日子安逸惯了，所以读鲁迅的文章很有必要，有些东西是不可忘的。

收获二：舍得时间让学生去读、让学生去看、让学生去品味。我不再像往年教这篇课文似的完成任务，而是陪着学生一起读、一起看，允许他们用自己喜欢的方式读：可以大声读，也可以小声读、默读、跳读，并教他们在文章里批注，去找描写人物形象的句子，去欣赏、去表达、去写。特别是在分析人物形象的时候，学生能够把自己对人物的印象写下来，每个人都积极地跑上讲台去表达、去展示。那一刻，我心中特别开心！教师恰到好处的点拨，学生就不会再像当初读时的嘻嘻哈哈了，现在都理解了闰土从"小英雄"到"木偶人"的沉重。有的学生气愤地说："闰土变成这样，就是那个吃人的社会造成的！如果少年闰土是生活在我们这个时代，铁定不会是个木偶人！就算他没有成为事业有成的人，但肯定不会每天只会烧香拜佛……"学生对小说的主题直接理解，根本不用教师去讲。可见，教师在教学过程当中不能太着急，舍得时间让学生去琢磨、去读，一定会有收获的！

收获三：拨开表面见真谛。鲁迅的文章读一两遍，可能还悟不出什么味儿，得层层剥。如"苍黄的天底下，远近横着几个萧索的荒村"，学生开始读时没什么感觉。我说："同学们，这苍黄的颜色是你喜欢的颜色吗？""不喜欢！太沉了，又暗，让人不舒服！""那么鲁迅想在这表达什么呢？""老师，估计当时天气不好，天色阴暗吧！""文中的'我'的心情呢？""'我'的心情不好，看到天色都是很阴沉的！"学生仔细一想，主客观原因都能想清楚了。还有那个"横"字，一个"横"字就写出了当时农村的萧条衰败。领着学生剥洋葱式地阅读，引导他们去发现文中有深意的地方，最后对一些句子的理解就是水到渠成了。

收获四：让学生与作者有共情。每一年我都努力向学生灌输文章里的思想，我讲得激情澎湃，学生却恹恹欲睡。这次我换了一种方式：讲少年闰土时，让学生一起分享童年的趣事，了解不同年代的童年生活。学生在谈到自己的童年时，会有感叹："老师，我都没有上山捕过鸟，看到鸟窝还是在学校的书上。唉，真想去掏鸟窝，我们老是玩手机、看电视，太不好了。"也有人会很有兴趣地了解书上写的鸟、稻鸡是什么。我也跟学生分享了我的童年，把三个不同年代的童年（闰土的、老师的、同学们的）放在一起，大家都愉快地觉得：不论在任何年代，童年总是有着很温情的时刻，可以暂时忘却生活的苦。那一刻，我觉得学生与少年闰土共情了！

收获五：世上本没有路，走的人多了，也便成了路。鲁迅的文章给人的哲理也是与众不同的。他当年弃医从文的毅然决然，并不是写文章去讽刺谁，而是当时世间有太多不平事，太多麻木不仁的灵魂了，他要去叫醒他们，去唤醒那个让人窒息的社会。世间看似有很多路，但每一条都是人走出来的，每处都是不一样的风景。学生每次读到此处，可能都会有不同的感悟。我会让学生都谈谈对路的认识和理解，再聊聊自己的人生之路该怎么走。我也勉励他们像鲁迅先生所说的那样，路是人走出来的，这个世界很大，有很多是我们未知的，要用自己的双脚走出不一样的人生路！

　　教学路上，总有很多很多让人深思、让人感动的瞬间！再次在《故乡》邂逅鲁迅，一路收获，一路不断地探索向前，我也将努力去走好这条教书育人的路！

2

第二部分

育人篇

平凡人生写华章

——我的教育故事

河源市和平县实验初级中学　何　征

　　我出生在江苏省江阴市——长江之滨一座历史悠久的美丽小城，明朝地理学家徐霞客的家乡，"天下第一村"华西村所在地。我的奶奶是中学语文教师，妈妈也做过10年小学教师。1990年7月，我从上海师范大学汉语言文学系毕业，回到家乡江阴市第一高级中学当了一名光荣的人民教师。

　　2004年秋天，我放弃了家乡优越的工作和生活条件，随丈夫来到广东省河源市和平县工作，服务于和平县实验初级中学。扎根山区教育，从一名普通语文教师做起，历任语文科组长、教务处副主任、教务处主任、副校长兼工会主席之职，不仅为学校带来了先进的教学理念和方法，并以自己认真负责的教学态度、务实的工作作风、优异的教育教学成绩，影响和带动了周围许多教师的工作态度与方式，在全县教育系统具有一定的知名度和影响力。

　　转眼间，已经过去17年了。这17年，是我默默耕耘的17年，也是我努力探索的17年，更是我迅速成长的17年。回顾与和平实验中学共同成长的这段岁月，实在有许多事情值得回味。在此，且让我撷取几朵"浪花"奉献给大家。

一、最难忘的开端

　　2004年9月初到实验中学，大约是在面试的时候给当时县教育局语文教研员叶春湖老师留下了好印象，在他的推荐下，学校安排我担任语文科组长，并在开学没多久，组织全校教师听我介绍江苏实行新课改的有关先进理念和我原来学校的一些具体实施方法。

其实在我看来，一所学校硬件设施的欠缺并不是决定教学质量的关键，教育观念的整体滞后才是最大的隐患。因此，在向全校教师介绍经验时，针对当时学校的具体情况，我侧重向大家介绍了整体教学的观念、集体备课的方法、校本教研的方向。

首先，一定要有整体教学的观念。不管现在任教几年级，都必须深入钻研教学大纲和中招考试大纲，做到对本学科初中教学的基本要点和重点了如指掌，然后从初一开始将有关重点贯穿教学之中，不能将所有的重点都压在初三，最好还能够对小学和高中的语文教材有所了解。

其次，要有集体教学的概念。一个人的智慧和力量毕竟是有限的，因此要善于发挥集体的作用。同一级组的教师要进行集体备课，资源共享，统一练习，不能各自为政。同一科组要经常开展听课、说课、多媒体课件制作等教学活动。

最后，要有课改意识。平时教师要注重知识的积累与更新，经常了解课改的最新信息；每个学期至少撰写一篇有关教学方面的论文；针对本校实际情况，立足学科特点，开展校本课程的研究和实践。

那一次，我大概讲了两小时。从会后的反映来看，不少教师是心存疑虑的，甚至有老教师直言不讳地说："讲了那么多没有用的，除非让我亲眼看到这么做行得通……"耳听为虚，眼见为实。我暗自下决心："既然你们不相信，那我就做给你们看！"

于是，我率先在自己的教学中进行了一系列教改尝试：充分利用早读课的时间，进行课文内容的诵读或是生字词的默写工作，早读内容有布置有检查；在每节语文课上坚持给学生"3分钟讲演"的机会，训练他们的口头表达能力；在备课时，不仅注重教学方法和手段的多样性，更注意知识的拓展和延伸；精心构思每天的笔头和口头作业内容，使学生每做一次练笔作业就能有一点收获。对于相对落后一些的同学，如果不能按时完成作业，我就在放学后请他们到我办公室来完成。另一项重要工作就是组织同级同学科的另外

两位老师进行集体备课以及开展互相听评课活动。

期中考试后，经过集体阅卷，我所任教的两个班级优秀率和及格率均在年级中遥遥领先。这时许多原先抱着怀疑态度的教师也开始行动起来：他们利用休息时间，让我教他们PPT、Word和Excel的一些基本操作规范，上网搜索下载有关资料的程序和收发电子邮件的方法。早读课去教室转一圈后就坐在办公室等下课的少了，在教室辅导学生进行早读的多了；在办公室聊天的少了，探讨教育教学问题的多了……

2005年1月，我们迎来了全县期末统考，结果三个年级的语文成绩优秀率均超过了60%，尤其是我任教的初一，年级平均优秀率接近80%。那一年，在年度工作考核时，经大家民主投票，我这个调进实验中学仅仅半年的人被光荣地评为优秀。我很感动：这既是对我工作的肯定，也是对我的鞭策！未来的我只有更加努力工作，也为以后的工作开了个好头。

二、最特别的公开课

2006年，我接到县里通知，要去河源市参加初中语文教师阅读教学竞赛。我当时有些迟疑，因为孩子还在哺乳期，立即断奶也来不及了。在县教研员叶春湖老师的帮助下，我带着母亲和孩子去河源比赛，获得了一等奖，取得了代表河源市参加广东省2006年中青年初中语文教师阅读教学观摩活动的资格。在随后于惠州举行的全省观摩活动中，我获得了二等奖，是代表广东各地级市的22位教师中唯一一个带着母亲和孩子去参赛的选手。母亲戏称："奖状应该有宝宝的一半！"

三、最忙碌的日子

2009年9月，我调入教务处工作。为了适应从普通教师到中层领导的角色转换，我一周有五个晚上泡在学校，用最短的时间熟悉了教务处的各项工作，并承担了完成学年初报和学籍管理的重任。

在青年教师拜师结对活动中，我担任两位青年教师的指导老师；指导语文、数学、英语三大科组成功申报三项广东教育学会"十二五"教育科研课题，并承担了语文课题负责人的重任；坚持开展具有我校特色的校本教研活动——"同课异构"，多次带队与四联、公白、下车、九连、上陵等校举行"同课异构"教研活动；多次承担县教育局安排的任务，在全县上示范课和做讲座以及出卷等工作。2012年，我被评为县级优秀教研工作者。

2013年春，由学校提名、经教育局批准，我担任学校副校长，后又兼任学校工会主席，工作就更忙了。7月酷暑，我仍然在电脑前忙着输入新生学籍……

2013年秋至今，我还担任挂级领导（相当于级长），分管年级教学工作。然而无论管理岗位多么繁忙，我始终坚信自己的最终位子属于三尺讲台。因此，哪怕是担任副校长之后，我仍然坚持在教学一线，任教两个班语文（直到2018年担任了省名教师工作室主持人后才开始教一个班），并担任备课组长，带着一帮志同道合的伙伴进行一轮又一轮循环教学。

2019—2020学年度，因学校工作需要，在肩负省市两个名教师工作室主持人的重任下，我以副校长的身份兼做九年级1班的班主任，成为全校年龄最大的班主任，并兼任挂级领导，分管九年级教学工作。两个学期我均被评为校级优秀班主任，班级被评为校级文明班，全班55位学生有50位升入重点高中，1人读普高，4人就读职业学校（其中3人是5年制）。

我和许许多多教师一样，披着东升旭日的光芒踏进教室，沐浴着落日的余晖离开学校，键盘前有伏案备课的身影，黑板上有"嚓嚓"的进行曲，一切是那么平凡，一切又是那么充实。当我为着每一篇课文的讲解冥思苦想、为着每一个学困生的表现伤透脑筋、为着每一堂课的顺利完成费尽心力时，的确也感到过琐碎和疲惫，但是总有一个声音对我说："坚持，有付出就一定会有收获！"

四、最甜美的收获

进入和平县实验初级中学以来，我一共带过7届毕业班。每次中招考试，我任教的班级语文成绩总能名列和平县榜首。2014年中考，我班苏同学语文获得了120分，是当年河源市唯一的满分。每次看到一届届学生顺利进入各个高一级学校深造，我的心中无比幸福和自豪。

2007年11月—2008年11月，我参加了广东省初中语文骨干教师培训班的学习。2008年12月，我获得了中学语文高级教师资格。2010年11月，我参加了"国培计划"初中语文骨干教师培训班的学习，同年光荣地加入了中国共产党，并于2013年获得县优秀党员称号。2013年被评为"河源市最美教师"，2014年荣获县星级教师之"突出贡献之星"称号，2015年被评为县先进教育工作者，2016年1月在全县师德师风征文比赛中荣获一等奖，2016年7月被河源市教育局聘为河源市首届中小学首席教师，2016年9月再次荣获县星级教师之"突出贡献之星"称号，2017年9月荣获县星级教师之"教研教改之星"称号，2017年11月在和平县首届中小学教师现场作文大赛上荣获一等奖，2017年11月被河源市教育局评为第三批河源市中小学"三名工作室"之"名教师工作室主持人"，2018年4月被广东省教育厅评为新一轮（2018—2020年）广东省中小学名教师工作室主持人，2018年8月被广东省人民政府授予特级教师称号，2018年9月被评为和平县星级骨干教师，2019年9月被评为和平县教学能手……

五、最尴尬的误会

2018年4月，我高高兴兴地从广州领回了省名教师工作室的铜牌，回到学校却是愁肠百结：工作室听上去高大上，可具体怎么开展工作，却是一筹莫展。

盼星星盼月亮，终于盼到市里转发的省三名工作室学员名单，我大喜，终于可以开始工作了。于是，我照着名单上的电话号码，给每个学员发了一条短信，大意为："恭喜您成为广东省何征名教师工作室学员，为方便工作室开展工作，请您于本周内将个人简历、微信号码以及一张个人生活照片，发送到我个人邮箱，或者加我微信后发送。"发完信息后，我感觉心里一阵轻松，认为自己可以像姜太公一样稳坐钓鱼台，只等学员们把信息发给我，就可以开始工作了。

"理想很丰满，现实很骨感。"没想到等来等去，十个学员中才等来两个学员的回音，一个是我本来就认识的河源市正德中学的强静老师，还有一个是和平县的学员。为什么其他学员没反应呢？我感到很疑惑。幸好强静老师主动请缨，帮我联系河源市区学校的几位学员。后来她哭笑不得地反馈我说："那些接到消息的老师以为这是一个诈骗信息，所以都不予回应。"这下我尴尬了，难道他们不知道自己已经是我工作室的成员了吗？于是，我只好老老实实地打电话给我的学员说明情况，建了工作室微信群把他们一一拉了进来，然后郑重其事地上传文件请他们看，这才解除了误会。

后来在2018年11月组织他们第一次跟岗学习的时候，初次见面有几个学员很惊讶地说："还以为主持人是一位男老师呢，您的名字太有欺骗性了！"我问他们："接我电话的时候听不出我是女的吗？"他们异口同声说："我们以为那是您的助手啊！"就这样，工作室带着尴尬的误会，开始了蹒跚学步。

我于2018年11月第一次组织全体学员到和平县集中跟岗学习，又在12月组织大家赴河源市江东新区临江中学开展送教下乡活动，并于2019年5月带领工作室全体成员远走西安，应"西北课改名校共同体"的邀请，去西安高新逸翠园学校和西安市庆安初级中学交流学习。

除了这些面对面的活动与交流外，平时大家还利用微信群传播消息快的特点，经常在群里探讨语文教学方面的问题，还利用工作室QQ群交换教育教学资源。另外，网络工作室也在紧锣密鼓中开办起来。

学员们在工作室开展的这一系列活动中开阔了眼界，获得了提升。紫金县尔崧中学黎武老师的学习总结代表了全体学员的心声："工作室几次集体研修活动，让我们领会到了很多成功的课改经验，也看到了课改所带来的良好效果。但是我们必须清楚地意识到，这些成功我们不能够完全复制，我们需要结合自己的校情、学情进行合理的实施。我们又应该如何从自身出发，把学习到的先进理念应用到教育教学中去呢？在这场教育变革中，我们怎样去发挥每一个人的力量呢？"

工作室虽有个尴尬的开头，却有了充实的发展。我期待着，未来工作室能有丰硕的成果！

六、最难割舍的情

可以毫不夸张地说，在和平县的这17年生活，带给我的是人生的洗礼，它让我领悟到：付出的同时就是在获得，也更为深刻地品味到了平凡生活的不平凡意义，普通的人生能实现不普通的价值。许多人对我放弃家乡优越的

工作和生活条件，来到落后山区表示惊讶。但是我自己心里明白，如果说起初我追随丈夫来到这里是为了爱情，那么现在让我还能留在这里并坚持下去的理由更多的是一份责任感，一份对山区孩子割舍不下的真情。

是的，这里的学生很努力。看着他们那一双双充满着渴求的眼睛，我实实在在感受到了一种前所未有的压力。我总是想，能在自己有限的时间内，给予学生最多的知识、最美的熏陶。我并不奢望通过我一个人微薄的力量，能够改变他们的命运，只是希望我能够成为一个帮他们打开外面世界的一扇窗户甚至只是掀开外面世界神秘一角的人，让他们能够明白——人无法选择自己的出身，但是可以选择自己的生活方式！知识可以改变命运，命运就把握在每个人手中！

人生过了50岁，许多人认为自己已经过了最辉煌、最能出成绩的年纪，而我要说，我的山村女教师的生涯才渐入佳境。有这样一副对联："一方黑板，半截粉笔，方寸之间展大千世界；三寸讲台，两本教案，寒暑不易送桃李春风。"白天忙忙碌碌，深夜独对寒灯，处理白天遗留下来的日常杂务，虽没有豪言壮语，没有创造什么奇迹，但我无怨无悔，就让我用平凡的生命在平凡的岗位上铸就不平凡的人生价值吧！

何风细雨，伴我前行

河源市龙川县第一中学初中部　罗翠萍

何征老师的微信名叫何风细雨。

最初知晓何征老师的名字，是在2018年5月。那天，科研处的钟建洲副主任把我和黄素燕老师叫到办公室，说学校打算推荐我们去做省名教师工作室学员，让我们自己挑一位名师。在众多名字中，我一眼看到了"何征"两个字，心想：教语文的多是女教师，这个肯定是男老师，跟他学点硬朗些的教学风格也好，当即填了表交上去。

2018年9月，一个陌生号码给我发来短信，邀我10月到和平县参加跟岗培训，并要求我发个人相片和工作简历，供何征工作室挂牌仪式使用。我爽快加了微信，聊了几句，感觉对方语言爽利、表达清晰、幽默有度，甚合我意，不禁心里窃喜：果然找了个对的导师！

不料到了10月，因事未能成行。跟岗学习开始了，我被拉进了学员群，令人惊奇的是，群里的照片除了一群朝气蓬勃的学员，还有一位身穿中国风连衣裙、一脸富态的中年女性，裙上的酒红色大花特别显眼，映得她的脸庞格外白皙。我好奇地想：这是哪位太太？怎么天天都来蹭课听？

过了几天细看，这位太太听得挺认真，好像还在点评呢！等到简报出来一看，我大吃一惊：原来她就是何征老师！

认真、专注、平易近人，这就是我对何征老师的第一印象。

2018年12月5日，工作室安排成员一起去紫金临江中学送教，其他成员都是第二天开车过来，只有我打算提前去河源住。她听了，二话不说也去了河源，并开好房等我入住。她又怕自己工作至深夜影响我休息，贴心地安排每人一间房。听到我抵达酒店，她飞奔至前台相迎，那一刻，恍如"曹操光脚迎接许攸"，令我备受感动。放下行李，我便到她房间聆听教诲，和我想象中的名师一样，她言语谦和，见解独到，眉宇间透着浓浓的书卷气，眼神中似乎有着能看透一切的睿智。

作为一个自懵懂混沌中走来的教师，凭经验教学，凭感觉教书，曾是我平日的常态。在遇到她之后，我开始观察学生，开始反思课堂，开始推翻、重建自己的潜意识观点，在何征老师的带领下，我开始有了许多恍然大悟和顿悟的时候。我的下意识行为和人格在一定程度上逐渐向新的潜意识的方向进行改变，突现了好几个瞬间成长。

2020年11月5日下午，何征老师突然打电话给我，兴奋地说来了龙川，第二天要参加河源市教育局2020年义务教育阶段学科送教活动，住在鸿景酒店，想过来跟我聊聊。我把地址告诉了她，她欣然前来，刚在我办公室坐下，我就得下楼去值日，只来得及打开电脑，告诉她我下周要上公开课，课件刚做好，请她帮忙看一下。等我处理了值日事务上来，她正端坐在我的电脑前，一丝不苟地帮我看课件。见我进来，招手示意我坐在身边："你看，这两张PPT的字体跟其他的不一样，要调一下……这里的图片放斜了……'倾听乡愁'这个环节，你打算自己范读还是播放录音？录音的话要插入按钮……"一杯清茶在她旁边袅袅冒着热气，还是同事帮忙倒的。

在课堂教学遭遇瓶颈的时候，我何其有幸，能够在何征老师的教学模式的濡染下成长。何征老师以作文教学见长，她的课简单纯粹，没有热闹浮夸的花式技巧，亦没有繁杂的旁枝末节，多以"素讲"为主，注重学生的写作体验，注重课堂的探究生成，尽显语文之"大道"。在她的影响下，工作室成员也逐渐开始重视作文教学，开始写作文课教案，写作文评讲教案，关注学生的写作体验。

何征老师对语文课程的研究不仅限于此。立足课本，利用精读课文进行扩写、改写、续写，给略读课文写提纲、写感想，"以写促读，以读促写"，探寻初中语文读写结合的策略，才是她真正在做并一直在做的事。在她的感召下，我也开始通读教材，厘清课程结构，及时反思总结，反复探讨最佳教学方式。

两年来，何征老师用委婉的话语敲打警醒我的疏忽懈怠，用信赖鼓励激发我的创造，让我的心胸与眼界得以打开，尝试着飞向那方明亮的天空。在她的指引下，我拥有了一条全新的成长之路。

何风细雨，伴我前行。

2020年4月10日家访札记

河源市连平县大湖中学　曾春媚

4月10日这天阳光灿烂，已经下了一个月的雨，好不容易晴了，我却为昨天晚上接的一个电话而觉得阳光有点刺眼。

事情要从2019年10月3日说起。小伍是九（1）班一个很乖巧的女孩，我刚接手九（1）班，对她不是很了解，10月3日接到她妈妈的电话，说她情绪很不对头，很低落，感觉对生活失去了兴趣。当时因为还在假期中，我没亲自去她家，但马上打电话给她，所幸她愿意与我通话。我和她聊了足足39分钟，直到我的手机没电。我用温和的声音开解她，对她的行为表示理解，充分表达自己对她的爱与关心，希望她无论在何时都要好好爱自己。后来回到学校，我又连续找了她几次，和她谈话并常常鼓励、表扬她。在此后的大半学期里，她看起来跟正常学生一样，除学习成绩不是很理想之外，没什么异常。

2020年3月2日起，疫情原因，学生都要居家学习。小伍在开始上网课时表现得还是积极的，到了4月4日清明节，看到电视网络都是黑白一片，她很是伤感，说自己很没用。到了4月9日，她妈妈打电话给我，说她情绪失控，一个星期不说话也不上课，每天就在客厅走来走去，谁叫也不应，眼神呆滞。她妈妈很着急，问我怎么办。我从小伍妈妈口中了解到小伍的情况：父母离异，她寄住在外公家，妈妈改嫁。父亲是外省的，已经几年没有见过她了，母亲工作忙也常顾不上她。我第一感觉就是：这孩子太缺爱了！太让人心疼了！于是我便决定家访，去看看她！

　　我来到小伍家，她对我的到来感到很惊讶。我用很轻松的语调对她说："小伍，你好！好久没见老师了，见到我不开心吗？"我握了一下她的手，抱了一下她的肩膀。她很拘谨地笑了一下，对我不是很抗拒。我说："你家这个地方叫三口塘，老师很想知道这个地方是不是真有三口塘，能不能带老师去看看呢？"然后我极力说服她走出大门，并且让她妈妈不要跟来。虽然她不是很愿意出去，但还是走出了家门。然后我就借这个"三口塘"的话题让她给我介绍这屋前的池塘。我拉着她走在田间小路上，不断地问这个地方的风景民俗，她的话渐渐地多了起来，还主动告诉我她家的池塘，她家的田地庄稼。我们不小心踩到了蚂蚁窝，我能听见她极力想忍住又没忍住的笑声，站在水沟边摸了一下田螺，我问了她一些小问题，然后顺势问她："你今天是不是有哪里不舒服？老师哪里可以帮得上你的，可以跟我说一说吗？"她又呆住了，闭口不再说话。我有些灰心，都想暂时放弃了，因为我的时间很紧，还要回学校去上直播课。不过我还是坚持问她，是不是有人欺负她，是不是上课太累，是不是又很多作业没能及时完成……结果还真是如我所料，她都点头了。我们又在乡间小路上走了40多分钟，我不断地肯定她、鼓励她。虽然她只是偶尔回应我一下，不过看得出她轻松了不少。在谈到这段时间的网课时，她脸上暗淡下来，我问："是不是近来学习太辛苦了？"她说："嗯，好多题目不会做，天天都有做不完的作业，很怕考不上高中……"我也明白了她之所以有这样大的情绪波动，跟九年级繁重的学习任务也有关系。的确如此，大家的压力都很大，我告诉她一些能较快完成作业的方法，让她尽力而为，做不完老师也不会批评，做任何事尽力去做了，心中便没有遗憾。还和她分享了一些舒缓压力的小方法，比如打枕头、撕报纸、到田间小路走走，或是找朋友、信任的人聊天，告诉她在不伤害自己也不影响别人的情况下释放自己的情绪。看得出她是有点触动的。

　　或许是走累了，她说："老师，我们回去吧！"走到一座小桥边，她突然对我说："老师，我很讨厌你！"啊？我呆住了，心想：我也没有做什么让她讨厌的事呀？我笑着说："为什么呀？"她呆了一下说："你知道我的事情，我怕你会威胁到我……"我顿时明白了，说："是啊！老师一定会'威胁'你要开心地笑着面对生活，一定会'威胁'你照顾好自己的身体，一定会'威胁'你做一个乐观开朗的女孩子，一定会'威胁'你锻炼身体多吃饭。还有你笑起来真的好好看！"她听到这儿，竟然笑了，然后小声地说："老师，这里有个坑，你要小心点。"

回到她家，进入她的房间，我不禁呆住了。窗户紧闭，房间堆满了杂物，小小的房间还塞着家里一个冰箱和一个消毒柜，被子、书本、杂物到处都是，床上的被子也给人不干净的感觉，这是一个多让人心情不好的房间啊。之后我跟她妈妈说可以把房间清理一下，尽量给她一个舒适的休息和学习空间，打开房间的窗户，让阳光照进来。我又陪她坐了一下，看着时间实在不容我再待下去了，便轻松地对她说："老师真的要回去了，你一定要好好的。老师走后你把头发洗一洗，和妈妈一起整理一下房间，好吗？老师希望每天都能看到你笑。老师要走了，跟老师拥抱一下好吗？一定要好好的哦！"她没有犹豫地与我拥抱，还送我出大门，送我离开。我开车之前向她做了一个加油的手势，她也回了我一个加油的手势。

中午小伍的妈妈发来信息，说她本来好了很多，愿意说话了，可后来因为肚子痛，带她去医院检查，然后又带她逛街，发现她又不对劲了，总是直直地盯着人，走在人多的市场感觉很害怕，问她要不要水果，她竟然还打了一下自己，并且有想逃走的举动，只好把她拉上车回家。回到家，她就躲在房间的角落蜷缩成一团，瑟瑟发抖。

小伍的妈妈对我的做法做了以下评价。

1. 首先我能找到一个谈话的突破口，让她觉得有义务带老师参观她的老家，让她觉得自己有价值，有存在感。很好！

2. 让她走出她固有的环境，走到一个视野比较开阔的地方来聊天，这种做法很好，因为换一个更开阔的环境能让一个人的情绪更舒缓。

3. 尽量理解她的心情，给予鼓励与肯定，很好。

4. 提供一些可以让她处理自己情绪的小方法，很实用，很好。

5. 有点小建议（很委婉）：首先希望我一定要抛开老师的身份引导她（这其实是老师最容易犯的错误），言辞中少用"是不是……"提问，多用一些"有什么我可以帮你的？我很欣赏你的……在你的身上我看到了……"多一些商量的口气，尽量不要和孩子进行贴标签式的谈话，尽量让她能放松心情。其次是找家长谈话，让他们多给她一点关爱，少一点责备。最后是孩子的情绪已经到了能承受的极限，希望我有时间能进一步去干预。

下午2点10分，我再次去小伍家进行家访。小伍正在房间睡觉（前一天晚上折腾了一夜，没怎么睡），我就把她家的大人叫到另一间不影响她休息的房间，说了我的看法，希望他们能给她多一点鼓励，少一点责骂。之后我再去房间找她，她已经醒了，看到我又来了，感到很惊异。我用轻松的口气说我想带儿子去古驿道看看，但不知道路，想请她和我一起去找找。她没有拒绝我，我们很快便出发了。在路上，我故意装作不知道路，让她去问路，再给我指路，发现她在觉得自己被需要时很乐意去做，一路上能感觉到她越来越开心。终于到了驿道，我们停好车走上去，她还担心我的车会不会被偷，我很开心地肯定和欣赏她的细心与爱心。我们一起去爬山，沿途风景让人心旷神怡，我不断地赞美此处的风景，她也渐渐被我感染。到了山的高处，我鼓励她对着大山喊一喊。她还是放不开，不过也小声地回应了我。我没强迫她，后来我们坐下来休息，又聊了很多，比如老师可以怎样帮她，妈妈可以怎样帮她，和哪个同学聊得更好……渐渐地，她愿意说更多的话了，能看出来她很开心。

下山时，我问她将来想做什么，她说想做老师，但又怕考不上，还说想去找爸爸，想读高中，想读大学，想和妈妈住一起……我很开心，边聆听边给予肯定，能明显感到她的心还是向往阳光的。我们在太阳将下山时才回到她家。她对我说："老师我没事了。"我笑着和她拥抱告别。

晚上小伍的妈妈发信息来说她好多了，愿意说些话，问她时肯回答了，真是个好消息。第二天，她参加了老师要求的考试。这算是好的兆头。

经历了这件事，我想了许久，也希望天下父母要担起父母之责，如真要离婚，一定要慎重处理好孩子的情绪，尽量把伤害减到最轻。我们在处理特殊孩子的心理问题时，一定要耐心聆听，尽量站在孩子的角度理解他，尽力打开他的心门。2020年疫情肆虐，居家学习的确容易使孩子产生焦躁情绪，家长无论多忙，都一定要抽时间与孩子交流，并尽可能在下班后多和孩子到户外走走，一起运动，多培养一些积极心态，一起和孩子度过这个特殊时期。

与人相处也不过是理顺、气顺，希望父母对孩子多一些欣赏与鼓励，少些责骂与不理解，气顺了便理顺，理顺了生活也就顺了。大家共勉之！

初中心理健康教育工作存在的问题及对策研究

河源市连平县大湖中学　曾春媚

一、引言

初中是学生思想道德、行为习惯、个性人格形成的重要阶段，所以教师特别是班主任在管理时需要充分重视学生的心理问题，正确引导学生，积极帮助学生解决问题，促使学生形成健康的心理。所以，教师应该积极与家长联系，与学生沟通，及时了解学生存在的心理问题，然后结合学生的实际情况，运用多元化、充满趣味性的手段开展心理健康教育工作，在满足学生心理需求的同时帮助学生解决心理问题，进而帮助学生形成良好的道德意识与行为习惯，促使学生人格的完善与个性的全面发展。

二、教师更新教育观念，重视心理健康教育

现在我国的教育越来越注重学生德智体美劳的全面发展。然而，即使在素质教育完全实施的情况下，我国的教育仍然处于应试教育的形势下。在这种背景下，各个阶段的教师都十分重视学生文化学科的学习，导致有些教师过分注重学生的学习成绩，而忽视了其他方面的教学。初中是学生学习的过渡阶段，是学生为后续学习打下基础的重要阶段，特别是九年级面临着中考

升学考试，许多九年级的教师过度重视对学生的文化教育，学生的大部分时间都用来学习。在这种情况下，学生的心理压力越来越大，而教师又不重视对学生心理健康的引导，最后导致学生出现了许多心理问题。为了有效解决这种问题，帮助九年级的学生形成健康的、积极向上的心理，就需要教师积极更新教育观念，重视对学生心理健康教育工作的开展。特别是九年级的班主任，在管理班级的过程中要重视学生的文化学科教学，同时也要时常与学生沟通交流，掌握学生的学习情况，及时发现学生存在的心理问题，然后选择恰当的方式帮助学生解决问题，进而让学生形成健康的心理。

三、丰富心理教育方法，发现并解决学生心理问题

初中生对于新颖有趣的事物会充满兴趣与探究想法。不论是对学生的文化教育还是心理健康教育，教师都需要学会运用丰富多样的教学手段去开展工作，只有这样，才能激起学生的学习兴趣，提高学生的接受度。但在实际教育中，初中教师仍然使用苍白的语言交流和传统单调的教育方法与内容去对学生进行心理健康教育，这对于初中生来说是没有效果的，尤其是对于九年级这些有着极大升学压力的学生。为了能够有效提高心理健康教育质量，教师需要认真观察学生，觉察学生存在的问题，并积极丰富心理健康教育方法，帮助学生解决问题。例如，对于九年级的学生来说，除了青春期特有的叛逆心理之外，学生更多的是存在较大的学习压力。对于此，班主任在课堂教学中要观察学生的学习兴趣与积极性，积极运用情境课堂、小组合作学习、教学活动等方式丰富课堂教学方法与内容，为学生创设一个轻松活跃的课堂氛围，也可以在上课中间间隙休息一下，做个小游戏再上课，从而激发学生的学习兴趣与积极性，舒缓上课压力。在课堂外，班主任也需要观察学生的精神状况，关注同学之间的交往情况，至少一周能空出15~20分钟组织学生听听音乐，或者组织学生进行一场小小的游戏活动，帮助学生放松身心、释放压力，促进同学之间的互动交流，促使学生形成健康的心理。

四、教师以身作则，潜移默化影响学生心理健康

教师是学生的一面镜子，教师的行为思想会在一定程度上影响学生思

想的形成。要想学生拥有一个健康的、积极向上的心理，教师更需要以身作则，拥有一个健康的心态，为学生树立一个良好的学习榜样。但在实际教学中，部分教师因为教学观念导致在教学中没有以公平公正的心态对待学习有差异的学生，而且教师的否定会让心理脆弱的学生变得不自信，从而形成自卑的心理。为了避免这种情况的再次发生，教师必须积极提升自身的道德素质，也很有必要去参加一些专业的心理教育方面的培训，提升自己的专业素养。教学时平等对待每位学生，以肯定鼓励的态度面对学生，以积极向上的心态面对工作中的困难。这样就为学生树立了一个良好的学习标杆，潜移默化地影响学生健康心理的形成，提高心理健康教育的质量。

五、结语

健康的心理是学生好好学习、健康成长的基础，教师必须要认识到心理健康对学生的重要意义，重视对学生的心理健康教育引导。因此，身为初中教师，特别是九年级的班主任，更需要注意对学生心理健康的观察，帮助学生解决问题，促使学生形成健康的心理。当然，在具体开展心理健康教育工作的过程中，教师还需要积极创新教育手段，运用多元化的方式激起学生的学习兴趣，提高学生对心理健康教育的接受度，进而有效提升教师的工作效率。同时，教师也需要积极更新自己的教学观念，提高自己的教育素质，为学生树立一个良好的学习榜样，潜移默化地影响学生健康心理的形成，促使学生身心健康成长。

参考文献

［1］王秀华.初中心理健康教育的目标定位及实践研究［J］.名师在线，
　　2019（24）：73-74.

［2］候丹，麻超，唐妤.案例教学法在初中心理健康课程中的探索［J］.
　　校园心理，2019，17（3）：228-232.

"熊孩子"也有春天

河源市龙川县第一中学初中部　罗翠萍

　　每当我打开相册，看到自己与戎装女兵的一张合影，总会禁不住地嘴角上扬，想起往事。

一、遇到一个"熊孩子"

　　那是我接手班主任工作的第二年，开学一个月，照例要对调座位。孰料一、三组的座位刚换到一半，就起了骚乱，一个女生死死抓着自己的东西，就是不肯挪位置。旁边的学生纷纷指责她，她也不答话，只是瞪着一双圆溜溜的大眼睛，顶着一头短发的脑袋戒备地左转右转。

　　我瞪了这个女生一眼，没理她，让她的同桌、前后桌先换了。

　　教育的起点是接纳。教师最常犯的错误便是"我对你错"。我对她置之不理，她自己反而着急了。第二节课下课，她主动过来找我："老师，我是不是一定得换？""当然。"我不假思索地回答，"不过，你不换肯定有自己的理由，说出来听听？""这……"她绞着双手，有些为难地说，"我告诉你，你能不能别告诉别人？""好！"我一口应承。"我后面的男生……经常踢我的凳子……还老在我背后捣乱……"

　　原来如此，我答应她把后面的男生换掉。她犟了两天，终于搬东西换了座位，我也因此记住了她的名字：小蓉。本以为事情到此就结束了，没想到，这只是个开头。

　　没过几天，值日干部小黄跟我吐槽，说小蓉不服管教，自习课明明讲话了，记了名还不承认，非逼着值日干部把她的名字画掉，还说不画掉就让她哥带人收拾他们。我找她谈话，她说自己根本没讲话，只是跟人借笔、借书，是值日干部对她有意见，是他们搞错了。她说得信誓旦旦、理直气壮，我没办法，只好安排她跟小黄同一天值日，以免再起冲突。

这还没完，小蓉又搞了个更大的动静，居然和3班的同学联名给校长写信，要求换掉政治老师，理由是：政治老师太懒，讲课总是照着课本和参考书读。

这一连串的事件使小蓉不仅在班里，而且在年级里也出了名。小蓉认定的理谁也说不动，加上爱运动、体力好，又有个哥哥，虽然她个头小，倒也没有人敢惹。

二、交人先交心

接纳，依赖的是同理心和同情心。孩子犯了错误，哪怕错误再严重，也要将孩子与错误区分开，对孩子抱以深深的理解。孩子的许多让我们不安乃至生气、愤怒的行为，往往是一个正常人的自然反应。在多数时候，孩子知道自己错了，你无须一再指出这一点。你要指出的恰恰是："这很自然""我能理解""没关系"。

怎样才能走进小蓉的心呢？我决定邀请她和其他几个学生周末一起到我家包饺子，趁着融洽的氛围跟他们谈谈心。

谈着谈着，话题转到了零花钱上。我问他们："你们平时都管父母要零花钱吗？"

几个家境一般的学生说，平时不住校就是一天五块钱，住校就是一天十块钱，其他费用父母另外给钱。五块钱能买三个包子，乡镇的学生自己带米蒸饭，五块钱刚好够一餐菜钱。

"你们都挺省的啊！"我说，"小蓉，你呢？"

"我？我从来不向爸妈要钱，我自己有钱。"小蓉得意地说。

"你？你哪来的钱？"我奇怪地问。

"压岁钱啊！我的压岁钱都是自己留着用，不用上交。"小蓉说，"我爸经常去打麻将，一赢钱他就把那些十块、五块的全给我，一边给一边说，

阿妹，你看爸多疼你……"

"真幸福！"其他学生啧啧称叹。

"可是我一点也不喜欢他，总是打麻将，家里有生意也不做，说是累。我妈也常问我钱够不够花，不够就跟她要。我总是说不要，我一顿吃两个包子就很饱了……"小蓉说得有些激动，"钱再多也没有用，我都不想回家……"

"你现在住校？"我问。

"嗯。"她点点头。

真是难以想象，从她家步行到学校不过10分钟路程。

"那你哥呢？"我问。

"他在县城一所非重点高中上学，成绩一般，不合群，同学歧视他，说他白长了一副好相貌。"

"怎么会这样？"我很诧异。

"其实如果不是我爸妈管得严，我哥早就学坏了。可是现在他孤身在县城，他太纯真了，反倒有些格格不入。"小蓉说着，不免叹了一口气。

小镇上的少年大都是留守儿童，父母不在家，由爷爷奶奶照管；其余的家里都是在镇上开店的，父母基本上无暇顾及他们的成长。小蓉的父母在镇上开了一家消夜档，妈妈既是老板娘，又是服务员，赚钱不易，自然对唯一的儿子寄予厚望，累极、情急之下，对儿子"家法伺候"也是家常便饭。

孩子不需要你评判他，但是孩子需要帮助，需要成人告诉他应该怎么做。所以，正确的教育程序的第二步，是清晰地告诉孩子怎么做，并解释清楚。这一点小蓉的爸妈本来教会了她哥哥，但她哥哥却在现实中吃了瘪，这使小蓉的认知发生了偏差，她觉得不应该处处让着别人，要勇敢地与别人抗争，才不会被人看不起。

了解了这一点后，我几乎每隔两周就会找小蓉谈一次话，肯定她做得好的地方，比如，书写变工整了，自习课没讲话等；同时也指出她做得不恰当的地方：管理同学不能一言不合就踢、掐，要以理服人，喜欢篮球就争取进入学校篮球队，不要在教室里拍球……

慢慢地，她的威信提高了，成绩也渐渐有了起色。

三、杀出一匹黑马

美国斯坦福大学著名发展心理学家卡罗尔德韦克及其团队曾耗时10年追踪调研表扬和激励对于儿童成长的不同影响。他们发现："鼓励，即夸奖孩子努力用功，会给孩子一个可以自己掌控的感觉。孩子会认为，成功与否掌握在他们自己手中。反之，表扬，即夸奖孩子聪明，就等于告诉他们，成功不在自己的掌握之中。这样，当他们面对失败时，往往束手无策。"

儿童即可能，教育即生长。对于小蓉这样的"熊孩子"，不仅要找到心结，顺着毛捋，还得时常加以鼓励，让她在学习中找到乐趣，她才能拥有持续长久的上进力。通过观察，我发现小蓉虽然成绩一般，书写水平中等，但热爱书法，英语发音很准。经过询问，我才知道，她在暑假上过书法班和英语音标班，都是大学生在寒暑假回乡镇办的公益课程。能主动寻找学习机会，这在同龄人中是不多见的。

我抓住小蓉的这一闪光点，继续给她加任务，先要求她每天下午放学前在黑板左侧板书各科学习任务，等她的字练得好一点了，又让她进入班里的板报小组，参与板报设计和板书。她离家近，却坚持住校，傍晚空闲时间较多，我让她在晚修前组织音标晚读，帮助同学们提升英语口语能力。起初同学们不大信任她，她一带读，后面的男生就起哄。我每天提前15分钟到教室，亲自站在教室里给她压阵。经过一个月的努力，参加音标晚读的同学从一开始的6人发展到12人、26人，最后到42人。月考时，班里的英语平均分遥遥领先，一个从未考及格的男生破天荒考了85分，他奶奶亲自到学校来向小蓉道谢。面对大家的齐声赞誉，小蓉第一次红了脸，不好意思地低下了头。

从此以后，小蓉的行为再也没有出现过反复，她开始以自己擅长的语文、英语为据点，不断开拓各科新高地。

八年级时，小蓉成功进入学校女子篮球队。九年级时，她成功进入年级前60名，虽然没考上重点高中，却幸运地进入次重点高中的火箭班，并担任班长和劳动委员，成了老师的得力助手。

等我再次听到小蓉的消息时，她已经读完大学，教了一年书，成了一名光荣的人民解放军战士。听着电话那头传来的温柔女声，我真不敢相信，当年那个头发比男孩还短的"熊孩子"居然成了一名话务兵，找到了自己人生的春天！

【附】

"熊孩子"的心声

亲爱、敬爱的翠萍老师：

您好！一眨眼我们认识十年了，十年看似漫长，可回忆起来只是一瞬间。原谅我第一次给您写信，是我的错。当年明明与您相隔不远，却没有常抽时间与您聚一聚。人就是这样，拥有的时候不好好珍惜，一旦失去便开始怀念。老师，我想我这一辈子都会记住您。在我天真烂漫的童年，您走进了我的心灵。每次与您谈心，我都有不同的感触。我最喜欢的是第一年认识您的时候，那时候您脸上永远带着微笑，那乐观积极的心态一直影响着我。那时候您的教学多样化，后来我常常想起您，我告诉自己也要成为像您一样优秀的老师；那时您的多才多艺让我敬佩，什么事您都会，我告诉自己人生什么都得学一学，会好过不会……我以前每次写字时都故意把坐姿降低，就是等待您用手轻轻把我扶正。正因为您的影响，我走进了向往已久的军营，成为一名光荣的话务兵。我真心向老师您说声：谢谢您。

您就是我人生的第一任导师。……

感悟教育真谛追寻理想之梦

——《新教育之梦》读后感

河源市和平县实验初级中学　何　征

> 谁在保持梦想，
>
> 谁就能梦想成真；
>
> 谁能不懈地追寻理想，
>
> 谁就能不断地实现理想。
>
> ——摘自朱永新《新教育之梦》的引言《梦想成真》

　　我一直认为，"梦"是一个美好的字眼，充满了神秘和灵性。人生需要有梦，有梦的人生才会更充实，更充满情趣。

　　在这个细雨绵绵的寒假，这本如深蓝的梦一般色彩的书——《新教育之梦》，让我眼前一亮。而在那蓝色梦的旋涡中欢笑的人，就是朱永新老师，一个幸福的追梦人。

　　读完整本书，有些沉甸甸的。我在疑惑，"以教学为中心"的梦想能实现吗？可是渐渐地，有什么东西让我坚定起来。也许是因为他的身份——博士生导师（有经验），也许是他所获得的荣誉——2001年唯一杰出教育家奖（有实力），也许是我身边辛勤工作的同人们使我消除了疑虑，并且相信：只要努力，所有梦想都会成真！

　　拜读《新教育之梦》，不仅熟悉了朱永新老师的名字，更使我真真切切

第二部分　育人篇

地感受到了这位教育大师知识的渊博，对教育至真的感悟与至纯的挚爱。他对新教育理想追求的高瞻远瞩，令我油然而生敬意。

《新教育之梦》这本书围绕构成现代教育诸要素的核心内容——德育、智育、体育、美育、劳育、学校、教师、校长、学生、父母等，以朴实、通俗的语言剖析总结了现行教育中存在的盲点和缺陷，以翔实的数据、典型的事例提炼论证了中外教育名家的理念精华，从理论层面和实践层面提出了理想的教育追求与目标。尤其是朱永新老师利用自己游学讲学、出访考察、理论研究与实践管理的机会，以教师、教育学者、教育行政官员的多重身份，用教育学家特有的专业视角，以"理想"为线索，向我们描绘了理想的教育图景，为教育界探寻新世纪教育的新发展提供了新的思路和方向。

朱永新老师正是怀着一种赤诚的教育理想之心，以诗一般的语言向我们描述着他的新教育之梦：理想的德育、理想的智育、理想的体育、理想的美育、理想的校长、理想的教师、理想的家长、理想的学生……朱永新老师的这些教育理想，绝不是虚无缥缈的"童话"或"神话"，而是根植于教改现实的理性追求。

朱永新老师认为，理想的智育应该是超越知识、走向智慧、激发创造、健全人格，为学生将来拥有终生幸福的精神生活打下坚实的知识能力基础。教育中应该充满民主精神，真正以人为本，把"以学生为主体"的理念体现在教学的全过程。应该面对学生的个性，真正做到"因材施教"，让学生快乐地学习，让每个学生体验学习的成功，享受学习的快乐。

教师应努力让每个学生都享受学习的成功感。《新教育之梦》一书中写道："教育悲剧的产生往往缘于用一个标准去要求所有的学生。"而只有针对每一位学生的实际实施教育，让每位学生都能在自己的基础上不断地提高，这才真正是教育的成功，也是每一位学生的成功。苏霍姆林斯基有一句名言："让每个孩子抬起头来！"上海闸北八中校长刘京海的"用成功激励孩子获得更多更大的成功"……这些教育的至理名言不能不引起我们的深思。正是无数充满个性的生命的存在，这个世界才富有生机且色彩斑斓。我们每个教育工作者都应该设身处地地为学困生想一想：面对老师讲授的新课不能理解、面对老师布置的作业无从下手、面对一张张试卷头脑中一片空白……长此以往，他们能对学习产生兴趣吗？他们能在学习中体验到成功、享受到学习的乐趣吗？他们能喜欢上对他们"恨铁不成钢"的老师吗？因此我认为，转变学困生的关键是帮助他们树立学习的信心，使他们和优秀生一样体验到学习的成功感。

当然，朱永新老师所倡导的理想的智育不单单是让人拥有知识，更重要的是让人拥有智慧。他说，知识并不等于智慧。知识关乎事物，智慧关乎人生；知识只能看到一块石头就是一块石头，一粒沙子就是一粒沙子，智慧却能在一块石头里看到风景，在一粒沙子里发现灵魂。

确实如此，传统的智育就是太准确化了，缺少了些生机在里面，或许也可以说是精神。教育者缺少了些精神，受教育者自然也缺少些精神。此种情况下，学生所掌握的只能是智能，而不是智育。

朱永新老师在"理想的老师"章节中谈道："我心中的理想教师，应该是一个追求卓越、富有创新精神的教师。"我想，朱永新老师所说的教师就是一个真正的教育家，而我们现在只是一个教书匠。其中最大的区别，就是教育家有一种追求卓越的精神和创新的精神，他们以不教之本为基本的教育教学指导思想，追求的是一种充满灵性与智慧的教育教学。而教书匠往往忽视学生的主观能动性，以灌输作为教育教学的指导思想和主要的教育教学手段。所以，从教书匠到教育家的路途虽然漫长且艰辛，但我相信朱老师的这个梦就为我们架设了两者间的一座桥梁。我想，我们可以循着这个梦，或狂热，或深沉，或忧虑，或快乐……那么我们的人生必定是色彩斑斓、精彩无限的。

朱永新老师在"理想的老师"章节中说道："一个理想的教师，他应该是个天生不安分、会做梦的教师……一个教师不在于他教了多少年书，而在于他用心教了多少年书。有些教师，他教一年，然后重复五年、十年乃至一辈子；有些教师，实实在在地教了五年。一个实实在在教五年的教师与一个教了一年却又重复了一辈子的教师，他们的成就是不一样的。"因此，作为一名教师，我觉得应该具有不断探索、不断创新的精神，做一个教育上的有心人，千万不要成为一个高高在上的教书匠。吾辈不能在守旧中湮灭自我，应在创新中追求卓越，成功距离我们并不遥远……

　　品读《新教育之梦》是一种享受，是与作者分享理想教育的快乐；品读《新教育之梦》也是一种孤独，因为对理想的、快乐的教育多了份思考、牵挂，是人格化的执着追求，还是按部就班；是激动一番之后的并肩作战，还是长吁短叹之后的沉默。我想，更多的应该是"上下求索"。

　　学习《新教育之梦》，点点滴滴都还在心中。宛如留齿的香甜，细细品味，一丝一缕都凝聚在深邃的蓝色中。朱永新老师像一位阅历颇丰的老者，在深蓝色的梦的海洋里与我娓娓交谈。我伸出手去，就能采撷到雪白的浪花——那是智者的思想的花朵。

　　《新教育之梦》蓝色的封面上有一圈小小的字"我心目中理想的……"一直围绕着朱老师的漫画头像，螺旋形向外延伸。我突然之间好感动，感动于那份执着，执着于理想、执着于心中最美好的东西。我们每个人都该有这样的理想，每个人都该做做自己的教育之梦。

　　梦并不是虚无缥缈的东西，它与现实是水乳交融的，梦和现实原本就是生活的双翼。梦的价值在于，可以使现实臻于美好，可以让琐碎的生活情趣盎然，可以让平凡的教育工作熠熠生辉。我明白了，我的梦可以做得更大、更远，只要我勤于播种，梦想的花朵就会开得更艳。梦想是无止境的，同每天的太阳一样常新，跟人类的生活同色，它和我们教师的生命等长！《新教育之梦》，一本永远读不完的书。新教育之梦，一个永远做不完的梦！

关爱学生，呼唤学生内心的爱

河源市源城区源西中学　胡小玲

我哭了，因为他们长大了；我哭了，因为他们懂事了；我哭了，因为我爱他们。

——题记

"师者，所以传道受业解惑也。"老师除了传授学生知识，帮学生解答疑惑外，更重要的是关爱学生。老师关爱学生，用爱唤醒学生内心的爱，让他们感受到被爱和爱他人的快乐，这样对健全学生人格有很大的帮助。

刚过完年，就接到缪校长的电话——要我担任八（4）班的班主任。说实在话，我是一万个不愿意。因为八（4）班的学生大都纪律散漫，无心向学，甚至有些科任老师在这个班连课都上不下去，每个老师说起这个班都摇头。要我带这样"出名"的班级，我觉得我根本就没有这个能力。果不其然，刚开学就遇到了一件棘手的事情。开学第二天，我准备重新安排一下班里的座位。刚开始安排时还挺顺利的，可当安排到欧阳同学时，却遇到了很大的麻烦：没人愿意跟她同桌。这个说"我不跟她坐"，那个说"她会骂人、打人的，我才不跟她同桌呢"，接着全班起哄，整个班级乱糟糟的，只剩下欧阳同学在那里委屈地站着。我心里那个火啊！这是怎样一个班级啊，连安排个座位都能闹成这样。于是，我大发脾气，吼道："不准吵，谁敢不服从安排，我就叫家长来。"全班顿时鸦雀无声。"欧阳同学和罗同学同桌。"我用命令的口吻说道。我刚说完，罗同学就跳起来说："不，我不跟她同桌。""不准说不！"

我用不容置疑的语气吼道。罗同学只好乖乖地在欧阳同学的旁边坐下。

我本以为事情就这样过去了，可当我回到办公室，正准备喝口水时，班长赖同学就急匆匆地跑来说："老师，不好了，罗同学和欧阳同学打起来了。"什么？我顿时火冒三丈。我跑到教室，把欧阳同学和罗同学狠狠地批评了一顿，还"威胁"道："你们再闹事，就把你们家长叫来。"在我的"高压"下，班上平静了下来。可还没安静几天，麻烦又来了。

一天，我正在办公室批改作业，班长又急匆匆地跑来说："老师，欧阳同学和杨同学拿凳子打起来了，数学老师叫你过去处理。"真是麻烦啊，怎么又打起来了？我急忙跑进教室，只见欧阳同学和杨同学两个人各高举着凳子怒视着对方，而数学老师则横在两人的中间不准她俩轻举妄动。我大吼道："把凳子放下，跟我到办公室来。"回到办公室，我狠狠地批评了她们一顿。可她俩像是斗红了眼的公鸡一样，竟然在我面前吵了起来。两人你不让我，我不让你，差点又打起来。唉，没办法，我只好将她俩的家长请到了学校。

处理完这个事后，欧阳同学的妈妈留下来跟我谈了欧阳同学的事情。她红着眼睛说："我家小孩小时候学习成绩很好的，只是后来生了一场大病，而家里又没钱医治，结果就留下了后遗症，导致她现在反应比较慢。从小到大，我都不知被叫到学校多少次了，都怪我啊！"说到这儿，欧阳妈妈已泪流满面。我顿时醒悟，都怪我啊！不分青红皂白就乱发脾气，结果导致整个班级乱成一锅粥。送走欧阳妈妈后，我坐下来对近段时间发生的事情进行了深刻的反思。我真后悔啊！我决定帮帮欧阳同学。

首先，我找来了班干部了解情况。班干部反映：由于欧阳同学反应比较慢，所以同学们总是喜欢拿她开玩笑。每当同学们取笑她时，她就会骂他们，甚至打他们。于是，老师每次安排座位，都没人愿意跟她同桌，她总是孤零零地一个人坐在角落里。其实，她挺可怜的。

了解完情况后，一个计划就在我的脑海中形成了。我特意安排了一节课，然后又找了个借口支开欧阳同学。我准备给同学们上一节心灵洗涤课。

课上，我先播放了一段影片。影片中，一个残疾人在路边乞讨，路人纷纷伸出援助之手，一块两块的零钱装满了乞讨者前面的盆子。影片播完后，我问同学们："当你们遇到这种情况时，你们会伸出援助之手吗？"会。"同学们大声地回答道。"为什么呢?"我趁机问道。"因为他是弱者,没有劳动能力。""因为只要人人都献出一点爱,社会就会变成美好的人间。"同学们七嘴八舌地说道。"好,很好。"我语重心长地说,"你们都是能同情弱者、爱护弱小的有爱心之人,那为什么却对一个跟自己同班了一年半的同学如此冷漠呢?欧阳同学也有美好的童年,可一场大病却无情地剥夺了属于她的幸福。她的反应能力不如你们,可她做得却并不比你们差。她从不迟到、旷课,作业按时交。你们为什么会如此轻视她呢?你们可曾想过,她也想有个同桌,她也想跟你们一起开开心心地玩耍?同学们,你们可以同情一个跟你们毫不相干的陌生人,却从不关心一个与自己朝夕相处的,急盼你们关心、爱护、帮助的弱小同学,反而嘲笑、起哄,你们想想,欧阳同学有多伤心啊!难道你们真的是那么冷血无情吗?""老师,我错了。"罗同学站起来愧疚地说。"老师,我也错了。"杨同学也说道。接着,全班同学都说道:"老师,我们错了。我们再也不孤立欧阳同学了,再也不取笑她了。"

我看着同学们,眼泪不由自主地流了下来。因为我看到同学们好像突然一下子长大了,一下子懂事了。这才是真实的他们啊!他们本是有爱之人,并非老师眼中无可救药的学生,只是他们内心的爱需要我们去引导、去激发。

通过这件事,我更加明白一个道理:作为一名老师,应以关爱学生为己任。当学生人格出现缺失时,老师要第一时间去关爱学生,及时感化学生,培养学生良好的行为习惯,健全学生人格。只有老师敞开心扉,走进学生的内心,找到学生的闪光点,并和学生进行心与心的交流,唤醒学生内心深处的爱,这样,学生才会亲近老师,相信老师,从而使老师的工作更好地开展。老师们,让我们人人都付出真心、真爱,去浇灌我们祖国未来的花朵,让灿烂的花儿遍地开!

借一节课

河源市第一中学　利淑妮

　　课间，语文科代表恳切地说："老师，能不能帮我们借一节课？"我愣了一愣，她迫不及待地说："老师，我们想在班里举行一场辩论赛。""没问题。"我毫不犹豫地说，"如果星期五下雨，我可以和吴老师商量，借用体育课。倘若不下雨，那就用星期五的语文课。"

　　猛地想起，上个星期我刚好上了《庄子与惠子游于濠梁之上》一文，在课堂上进行了一场激烈的辩论赛（"知与不知"的辩论），体验庄子与惠子两个半回合辩论中的思想和态度的不同。通过简单的辩论赛，让学生感受庄子和惠子的思想。惠子好辩，重分析，对于事物有一种寻根究底的认知态度，重在知识的探讨。庄子智辩，重观赏，对于外界认识带有欣赏的态度。如果说惠子带有逻辑家的个性，那么庄子则具有艺术家的风貌。原来学生体验雄辩的魅力后，意犹未尽，相约再战。

　　那天，我在窗外，瞥见黑板上工工整整地书写着辩论赛主题（文才与口才哪个更重要）、正反方辩手、辩论赛流程。我走进教室，看到教室俨然正式辩论赛桌椅的摆设，正反方已入席，他们的桌面上都放着厚厚的一堆资料。赛前，如此精心筹划，足见学生对此次辩论赛的重视。赛中，正反双方经过一番激烈的唇枪舌剑，精彩纷呈，掌声不断。正方选手以闻一多先生的《最后一次讲演》据理力争反驳反方，并慷慨激昂地来了一段即兴演讲。这位选手的辩口利词，至今历历在目。经过紧张而又激烈的角逐，本次大赛以正方代表队的完美表现获得了胜利告终，反方代表队略逊一筹。

这一场辩论赛的策划，我全程并没有参与，它井然有序地进行着并顺利结束。我很震惊，惊讶科代表的组织能力，惊叹参赛学生的思辨能力，惊异观战学生的倾听和质疑能力。这样的课堂，多借无妨！

精心打造开学第一课，语文课堂彰显师德本色

河源市和平县实验初级中学　黄志红

一直以来，我对开学第一课都特别上心，我认为第一课是亮脸的课，是师生印象互存深刻的课，也是在学生心里播下老师人格魅力种子的课。第一课上好了，就可以抓住学生一半的"心"了。

我每一次在接到的班级上第一节课时，都会先让每位学生DIY一张名片，名片以传递个人信息及凸显个性、特色为载体，以传递礼仪为契机。我们中国是一个礼仪之邦，初次见面，会互相自报家门，以示对对方的尊重和友好。这是一种传统习俗文化，传承至今已衍变成了互递名片。所以，我想通过这一活动让学生体验了解这一传统习俗文化。据多数学生说，大多数老师在第一节课时让他们做了自我介绍，基本都是站起来逐个口述式的介绍。学生第一次为自己制作名片，觉得新鲜而有创意，同时还会在心里想：语文课可以干这个？语文课可以不纯粹是老师讲学生读、记笔记的？心里想着，兴趣也已漫上心头！

这样，学生对初中的语文课有了不一样的初印象，同时我又能在纯真、稚气而质朴的名片作品中洞察到如下信息：学生的兴趣爱好、思想倾向；学生的表达能力；学生对老师的期望；等等。传统文化与学生信息的碰撞，撞出了别样的语文课堂，也撞出了我身为语文老师的初心。

春节后开学的第一课，我会让学生在小组内交流"春节印象"。春节

是中国人最重视的传统节日，印象是多元素的，我先让学生选一个主题（如最美好、最深刻、最幸福、最温馨……），从春节的习俗、历史、文化等角度切入，小组合作聊天，不过聊天须凸显主题。学生带着"年味"来上课，他们聊得那个欢呀，轻松、开心漾满全身。在他们热热闹闹聊得差不多的时候，再选派小组成员展示交流成果。在展示交流成果环节，令我震撼，也让我感触深远。有位学生说，春节最温暖的印象是奶奶夹鸡腿放到"我"碗里的那一瞬间，奶奶夹的不是鸡腿，那是奶奶的爱！是的，我们中国人大多习惯含蓄的情感表达，基本不会把"我爱你"挂在嘴上，而是采用具体的行动式表达方式，比如周末家里人会给孩子做喜欢吃的菜，再如朱自清《背影》中父亲在车站为儿子买橘子的情景，一幕幕闪现在我们眼前，撩拨着我们情感的弦……

还有位学生说，春节最温馨的印象是一家人围坐在一起吃年夜饭，菜肴不重要，重要的是一家人在一起的温馨感觉。那种感觉只可意会，一言难尽心中的微妙。一家人在一起——多么朴素的字眼，但其中蕴含了"家""家人"对学生成长的影响。十三四岁的孩子都能品出其内涵，我的内心触动很大，也很欣慰，这也是我安排这一活动的初衷，既有对传统文化的了解和传承，又有思想情感的交流和碰撞。

语文课堂，践行师德传承，时刻不忘。

廿年芳华路，难忘引路人

河源市龙川县第一中学初中部　罗翠萍

时间如白驹过隙，岁月似流水经年，不知不觉中，时间来到了2020年。19年时间，从懵懂青年到羽翼渐丰，我的工作技能不断熟练，教学经验及人生阅历逐渐丰富。"爱在左，责任在右，走在生命的两旁，随时撒种，随时开花，将这一径长途点缀得花香弥漫。"近20年的教学之路，浓浓淡淡、远远近近的关爱始终伴随着我，而我也慷慨地把这关爱回赠给身边的人。爱与责任，在我的教学生涯中开出一路芳华。

怎能忘记您，亲爱的刘校长。刚毕业进入学校，您对我们几个年轻人谆谆教导："新老师，要力求自己一年入格，三年合格，五年出风格。"于是，我们从最基本的教学仪态开始严格要求自己，再苦再累也不能将身体靠在讲台上读教参。每天苦练三字，力求将每个教学流程做得滴水不漏。

当我在教学大赛中崭露头角后，您提出新的建议："教书不能只熟悉所任教年级的学科知识，更要熟读整个学段的教学大纲，自上而下，熟悉每个年级的知识结构，明白它在整个知识体系中的作用和地位，方能胸有成竹，运筹帷幄。"于是，课余假日，我们埋头研读，从小学到高中，将自己任教的学科都浏览一遍，并对照初中教学大纲，逐一熟悉七至九年级的教学要求，终于小有收获。在您的精心指导下，每学期结束，我们就梳理那一册书的知识结构，用思维导图展示出来，并把每一单元的重点、难点、易错点标记出来。三五年下来，教学渐渐得心应手，赢得诸多好评。

当我们在各个年级的教学中游刃有余时，您又一次提出宝贵建议："乡村教师不能囿于一时一地，应多关注教育新动态，开拓视野，了解教学发展趋势，方能从教学中获得成长。"于是，我们在您的指点下，每人都订阅了两种以上的学科教研杂志，利用网络观看名师上课的视频，与同行交流，时刻保持对教学前沿的关注与互动，学习最新的教育教学知识，并及时应用于实践。

谆谆教导，助我成长。难忘您，教研路上的引路人。

怎能忘记您，亲爱的科组长。那年您来找我："有个教学比赛学校推荐你去，你打算上什么内容？""我还没想好。"我有些手足无措。您看了我一眼，说："那就上写作课吧！古文之类的太多雷同了。你回家找找，把近年上过的写作课教案连同PPT一起发给我。""好。"当天晚上发给您，第二天您就选定了一个课题，在PPT上用红色笔标出意见，让我照着删改。改完后，为了让PPT的像素更清晰、更完美，您让我更换图片。网上找不到合适的，您亲自借了相机，斟酌着光和影，拍好照片传给我。几经删改，教案和PPT终于基本定型。由于我是第一次上录像课，您怕临场发挥不好，多次前来听课：您自己来听一次，修改；带同级同科老师来听一次，修改；带同科组老师来听一次，修改；带学校主管领导来听一次，修改……终于基本达到要求，您还不放心。录课那天，您提前15分钟到达教室，看着我整顿课前纪律，看着摄像师调整机位，在隔壁教室一直守到下课，这才微微一笑，挥一挥手，转身去自己班上课……

温馨关爱，滋润心田。难忘您，教学路上的引路人。

怎能忘记你，亲爱的同事们。年轻的老师因孩子生病，要请几天假，同事们二话不说，按学校要求协调上课，班里的课程丝毫没有受影响，一切井井有条；年长的老师忘记上课时间，办公室里的同事忙着打电话通知，问他/她是否身体不适……

在教学生涯中，幸运地遇见积极为同事着想的搭班老师。自己当班主任时，为搞好班级建设，总是发动班干部积极参与，虚心聆听科任老师的建议，努力营造良好的班风、学风，让老师教得舒心，学生学得开心；自己当科任老师，就认真备好课，根据学生的特点设计合理的课型，有学生旷缺课及时登记并告诉班主任，课堂纪律、收发作业能不麻烦班主任就不麻烦班主任。因为大家都能设身处地地替别人着想，同心同德，每一年的教学任务都完成得非常顺利。"平生不解藏人善，到处逢人说项斯。"每教出一届得意的学生，同事之间奔走相告，比自己的孩子考出好成绩还要开心。

互帮互助，友谊永存。难忘你，教学生活的引路人。

怎能忘记你，亲爱的同学们。那天看到你们在教室门口种下的小花，已茵茵一片，几朵花儿若星星点缀其间，犹如你们当年灿烂的笑脸。想起你们为了学会朗读技巧，每天自觉提前15分钟上学，跟着老师在校园里大声练习；想起你们为了帮助低年级同学搬教室，上课迟到，满怀歉意来办公室道歉；想起你们因为班际篮球赛以一分之差丢了冠军，哭得一塌糊涂……

你曾深情对我说：是您，让我走出挫折；是您，帮我拨开云翳；是您，带领我走出泥泞。可是，亲爱的小小少年，当老师来到你身边，给你指点迷津，你感觉豁然开朗，那只是你必然的转变，老师也只是恰好在那里。

亦师亦友，教学相长。难忘你，立德树人的同路人。

一路芳菲一路歌，教育之乐，教育之趣，是无法用言语表达的。教育，如一条幽静的小路，把人引入一片辽阔的天空。带给我的是一个纯净的世界、一片自由的天空，还有那让人心静的芳香。

这芳香提醒着我：教育，教的不仅是知识，更多的是一种潜移默化的品格与情怀。我愿恭立在圣贤面前，永怀着谦卑之心；我愿携着一路芳菲，向未知勇敢地前进！

无法预约的精彩

河源市第二中学　邬丽琪

　　我们实施教学活动前，都是做好了周详准备的，但是教学过程是一个生成性的动态过程，有着一些我们无法预见的教学因素和教学情境，有时也可能会出现我们无法预约的精彩。

　　记得学校安排我上一节公开课，我准备的是七年级上册第19课《古文二则》中的《乘船》。我认真读教材、看教参，研究课例，并确定这节课的主题——诚信。那天我信心满满地来到课堂，心里没有丝毫的压力和担忧。是啊，精心备好了课，只要我按照自己预先设定好的教学环节来进行，就不会有任何问题。学生也非常配合老师，教学过程异常流畅、顺利。在课堂快要结束前，我向学生提出一个问题："从华歆和王朗这两个人的两次行为中，可以看出他们怎样的性情？"

　　"王朗这个人轻诺寡信，不讲诚信。""华歆能够替王朗坚守承诺，救人救到底。"他们的答案和我预设的几乎一样，我满意地点点头，水到渠成地引出这节课的主题——诚信。就在这时，我听到有个声音在说："老师，我觉得华歆其实也做得不好。"声音微弱，如果我不是站在她旁边，很可能听不见。我怔了一下，看向她。她习惯性地低下了头，脸红红的。她是一个成绩平平、内向又不自信的女生。我犹豫着是否要回应她，因为这样一来，可能会打乱我的教学环节，也可能会误导其他学生。我迟疑了一下，还是决定给她一点时间。我微笑着问："为什么这样认为呢？能说说理由吗？"

　　"华歆刚开始也是不愿意搭救那个人的，他担心会拖累自己，只顾着自己逃亡，所以，从这点上，我觉得华歆是自私的、见死不救的。"其他的学生也开始七嘴八舌地议论起来，真是一"声"激起千层浪。

我肯定了她的想法，并对她能够带着思考去学习并有独到的见解表示了赞许。教室里响起了一阵热烈的掌声。她的脸还是红红的，同时我还看到了她那微扬起的脸和目光中投放出来的一股自信的光芒。接下来，学生陆陆续续站起来谈自己的理解。

他们都说得有依有据，从各方面剖析了王朗、华歆两个人的性格。这一个我根本就没有预设的环节，学生的表现完全超出了我的想象。

最后，课堂并没有按照我预先设定的来进行，甚至可以说不是一节完整的课。可是，那又有什么关系呢？我的学生有自己的阅读体验和理解，敢于质疑，独立思考，善于辩论，这不是比其他都要重要吗？学生是活动的、发展的，课堂的精彩应该要留出生成的空间，让灵魂撞击出智慧的火花。作为教师，不能因为自己在教学设计中没有这一环节内容，怕乱了脚本，或者担心回答不出学生的问题，就残忍地视而不见，而要捕捉课堂上随时出现的动态课程资源，去实现"无法预约的精彩"。

一步一步，追寻教育的诗和远方

——我的教育故事

河源市广州大学附属东江中学　黄东梅

很多时候，我想将自己的教育经历写出来，可是总觉得自己所做的一切实在是太平凡了，似乎不值一书。今夜，伴着台灯的清辉，我静静地梳理自己19年来的从教历程，追忆那往昔的岁月，回望那一串串深深浅浅的脚印。

一、初涉教坛，深山之中悄悄生长

2000年9月，从师范学校毕业的我回到了群山环绕的母校——叶潭中学，并在那里奋斗了12年。犹记得多少个夕阳西下的傍晚，我带着一群山村少年，攀上学校的后山，高声朗诵《少年中国说》，那种豪情，青山为之感动；犹记得多少个寒风呼啸的夜晚，我打着一支手电筒，徘徊在学生宿舍昏暗的楼道间，直到学生都安静地进入梦乡；犹记得那几年既教初三语文，又负责历史、地理、生物复习的紧张岁月……

山村中学，最为艰辛的不是物质的匮乏和生活的不便，而是"无硕师名人与游"。这12年，虽然我很努力，但教学专业只能自发生长，速度缓慢。回首这12年匆匆而逝的岁月，有些遗憾，亦有些欣慰。

二、前进一步，教书匠的华丽转身

2012年9月，机缘巧合，我调入广州大学附属东江中学。这是一块肥沃的

"土壤", "做最好的自己"的校训滋养着我, 让我获得了专业成长的养料。

犹记得初到这所花园般的学校的第一年, 我的内心惶惑极了。为了让自己快速适应高中语文的教学, 我默默加班, 批注阅读高中语文必修、选修的所有课文。不懂的, 大量查阅资料, 向资深教师请教, 那一年, 我做了厚厚三本的读书笔记。而这默默的努力使我在短短的一年时间里, 实现了初高中教师身份的转变。

2013年9月, 学校开始创建省一级示范性高中。借着这股东风, 我走上了做课题研究的专业成长之路。做课题的确是一件苦差事, 很多同事都劝我没必要去凑热闹。他们说: "东江中学那么大, 你一个刚从乡镇调过来的语文老师, 能上好课就不错了。" 可是我克服重重困难, 成功申报了"高中语文批注式阅读教学的实践与研究"的县级课题。经过两年多的实践研究, 2016年3月顺利结题。

从2012年9月到2015年7月, 我完整地进行了一轮高中的循环教学。2016年9月, 我被留任高三。一个课题研究, 一次高中循环教学, 两年高三备考及两次高考阅卷的经历, 促使我完成了从教书匠向研究性语文老师的华丽转身。

三、再迈一步, 华发早生亦不悔

2016年9月, 学校希望我能够担任初中部的教学副主任。当时很多人都劝我继续留在高三, 然而我考虑到学校工作的需要, 接下了这具有挑战性的任务。从此, 我开始了朝六晚十二的"超长待机"生活。

工作之初, 我的压力很大。因为越是优质的生源, 社会对教学质量的要求就越高。我该如何快速转变角色, 由一个只需教好两个班的语文老师变成一个善规划、能落实的教学管理者呢? 那段时间, 我整天整夜都在思索, 头发大把大把地掉, 但我倔强地坚持了下来。

为了制订有效的教学方案, 白天我除了上好自己两个班的语文课之外, 坚持去听课, 巡查学生的学习情况, 翻查学生的作业, 了解学生的需求; 晚上, 当所有人都下班后, 我待在办公室里静静地拟订校本课程、名著阅读课程、各种活动的实施方案。

熬夜和压力使我华发早生。当我的头顶上冒出一根根显眼的白发时，我的心中掠过些许感伤。然而，当我看到一切工作逐渐步入正轨时，我的心中颇感欣慰。特别是当我听到很多家庭鼓励孩子说"好好努力，争取考上东江中学初中部"的话时，我觉得哪怕变得"白头搔更短，浑欲不胜簪"也是值得的。

四、大跨一步，到最需要我的地方去

当学校工作开展得如火如荼的时候，上级又给学校下达了一个全新的任务——协助观塘小学办学一年，将这所乡村小学的教学带上正轨。开学的前一晚，潘校长给我打了一个电话，让我到观塘小学去做执行校长。当我听到这个安排时，一夜未眠。对我而言，小学是一个全新的领域，这实在是太大的挑战了！那时，我想拒绝，可是潘校长劝我说："到最需要你的地方去吧，乡村的孩子更需要好的教育。"

是的，我也曾是一个山里娃，我深深知道乡村教育的现状，我告诉自己："我是一枚'螺丝钉'，应该出现在最需要我的地方。"可当我接下这个任务后，才发现这枚小小的"螺丝钉"根本找不到"着力点"。

第一次走进观塘小学，看着学校崭新的建筑中空荡荡的功能教室，我的心凉了半截。要想将这所徒有空壳的乡村小学带上办学的正轨，谈何容易？况且我还毫无办学经验。难道我就这样不战而逃吗？难道我就这样辜负老校长对我的信任吗？不！我得想办法改变。

刚开学的时候，我毫无头绪，很多工作无法正常开展。我该怎么办？对，我应该拜师！于是，我拜访了县一小蓝育棠校长，将自己的困惑与烦恼向这位长者倾诉。他和蔼地告诉我，小学生闹是正常现象，我们做教育的要保护孩子的童真。那一刻，我恍然大悟。回校后，入耳的孩童吵闹声似乎不那么刺耳了。

解决了心理问题之后，我开始思考该怎么解决教学质量差的问题。记得第一次段考，全校361位学生，竟然有164位学生总分不及格，低分率高达18.8%。为什么这些学生的成绩会那么差？他们的家庭究竟是怎样的？为了了解清楚这些学生的成长环境，我将全校教师分成十个小组，利用课余时间一户户去走访。

第二部分 育人篇

那是一次心有余悸而又意义非凡的家访。那一天下午放学后，我开车驶入了龙尾的村道，跟着导航一直往村里走。路越来越窄，水塘越来越多，更可怕的是那直角形的拐弯，一个不小心，人车都可能会栽进水塘里。那一刻，我觉得自己是在用生命做教育。当我走进一户户农家，看到这些乡村学生真实的成长环境时，我的眼睛一阵阵发酸。依山而建的平房，本是农家猪圈，现在成了外来民工的家。他们上午到市场摆卖自己种的菜，其余时间都在菜地里忙活。这些学生回到家也得帮忙干活，哪有时间做家庭作业，家长哪有心思辅导他们的功课呀！家访结束后，我开了一个总结会，会上我跟老师们提出了提升课堂教学效率、减少家庭作业的要求。从那以后，我引导老师们透过分数去追溯低分的根源，并努力去"对症下药"。为了让这些乡村学生能在校学到更多的知识，提高课堂效率，我亲自示范各年段的语文课该如何上。我周围的人打趣说："别人是'当'校长的，您是真正'做'校长的。"正因为我身先垂范，整所学校的教风、学风开始慢慢改变。

大跨一步，到最需要我的地方去，努力践行潘校长"办让学生爱来的学校"的教学理念，实行"日清周清"的消灭不及格的学习策略，开办阳光厨房，推行午托，充实各功能教室……当我期满离开时，看着同学们含泪的不舍眼神，听着群众一句句感谢及挽留的话，想起重阳节的纸飞机、体育节的跳跳熊、艺术节的《外婆的剪纸》、元宵的灯笼、书法室的墨香、棋牌室的对弈、田野中的稻香……我无悔这一年的奔波忙碌。

五、回归，追寻理想教育的诗和远方

后来，我又回到了广州大学附属东江中学，回到了这片滋养我成长的沃土，回到了给了我奔跑欲望的"大草原"。

也许有人会问："你这样一次次地做'开荒牛'，累吗？你这样蹦上跳下的，图什么？"是的，我只是一介凡夫，一次次的挑战的确很累。若问我图什么？我只知道，我是一名共产党员，这一切都是我应该做的。

从初中到高中，再从高中回到初中；从初中到小学，再从小学回到初中，19年兜兜转转，只为那一份教育情怀。如今，一切已归平静，而我也能静下心来研究德育、研究语文，追寻理想教育的诗和远方。

以德服人才能更好地育人

——浅谈师德的重要性

河源市江东新区临江中学　简莉玲

一、教师树立师德、开展德育的重要性

1. 教师树立师德，能够起到榜样作用

作为教师，除了要有较高的教学技能和扎实的文化素养，自身的道德素养也非常关键，这是教师必备的师德，也是新时代教师立德树人的根本职责。初中生很容易受到外界环境的影响，教师在初中生心里一方面存在一定的权威性；另一方面初中生处在叛逆期，在潜意识中对"权威"产生一定的逆反心理。基于此，教师只有以身作则、以德服人，才能提升学生的信服度。学生在潜移默化中会模仿教师的言行举止，教师也就能够在潜移默化中发挥榜样作用。同时，学生只有从内心深处认可教师，才愿意接受教师的道德教育，才能优化德育成效。

2. 初中生处在特殊的成长阶段，离不开有效的道德教育

初中生处在特殊的年纪，这一时期的他们自我意识觉醒，渴望独当一面，但是又缺乏正确的判断与思考能力。同时，随着时代的发展，互联网逐渐在初中生的生活中普及，并对初中生产生了极大的影响。学生可以通过互联网接触到大量的信息，但互联网中又充斥着不少有害于初中生成长的内容，由于初中生明辨是非的能力较弱，所以很容易受到影响。基于此，教师

第二部分　育人篇

必须开展积极有效的道德教育，以引导学生树立正确的世界观、人生观和价值观。

二、教师树立师德、开展德育的实践策略

1. 教师要以身作则，在潜移默化中引导学生

教师要想树立师德，开展道德教育，必须要做到以身作则。首先，教师要摒弃过去那种教师在上、学生在下的管理与被管理关系，而是要尊重学生的主体地位，以平等的身份对学生开展德育。其次，教师要在教学过程中注意自己的言行举止，如教师仪表要大方整洁，服饰不要过于华丽，言语要温和得体，不能在面对学生犯错时，因为生气而责骂学生。最后，教师要学会爱每一位学生，对学生要一视同仁，这也是师德的重要体现。教师的言行举止将在潜移默化中引导每一位学生。

2. 教师要在班级管理中渗透道德教育

班级管理是教师尤其是班主任的必要工作内容，过去班级管理虽然涉及部分道德教育，但更多的是与课堂教学、秩序等有关的硬性制度。而在新时代教学环境下，教师应该以师德为先，在班级管理中渗透道德教育。例如，教师可以引导学生开展自主管理，让学生经过民主选举，选出班干部，再在班干部的带领下，自行制定班规纪律并进行管理和考核。这种方式不仅能够提升班级管理效率，同时在教师的有效引导下，学生进行自我管理，可以有效起到德育的作用。

三、教师要尊重学生，以科学的方式开展德育

1. 教师要注重德育的方式

教师要在教学中渗透德育，树立师德理念，就必须要进一步注重德育的方式。初中生在日常学习、生活中犯错是很常见的事情，教师在面对这些错误时，要时刻牢记自己的教师身份，不能因为学生的错误而情绪失控，进而出现言语上的过激行为。例如，在面对一个学优生和学困生打架的现象时，教师绝不能偏袒学优生，而是应该一视同仁，就事论事，先指出学生的错误行为，并要跟学生进行沟通，了解其犯错的深层次原因。教师必须提升对学

生的容错率，允许他们犯错，并要及时抓住错误进行机会教育。例如，教师发现班上的学生经常乱丢果皮纸屑，教师在面对学生乱扔垃圾时，不要立即以班规批评他们，而是要发挥师德，以身作则，教师可以当着学生的面亲自捡起垃圾丢进垃圾桶，学生看到他们敬佩的教师亲自拾起垃圾，必然会心生感触，教师在这个基础上再开展教育会有效得多。

2. 教师要注意因材施教

与此同时，教师要注重因材施教，初中生来自不同的家庭，有着不同的家庭背景，因此个体差异较大。教师在开展道德教育时，必须要充分考虑个体的差异，要注重根据不同学生的情况开展教育。教师可以在学期初对学生进行问卷调查，了解学生的个体差异。例如，对待性格内向的学生，教师要对这类学生多鼓励，以正面鼓励的方式开展教育；而对待性格外向的学生，教师则可以让他们发挥特长，带动内向的同学。同时，教师要与家长开展家校合作，要通过学生家长进一步了解学生的情况，并与家长共同对学生开展教育。

四、结语

初中生处在人生转折的关键时期，因此对初中生开展教育，不仅要关注其学科教育，更要着重开展道德教育。随着素质教育的发展，教师的师德与对学生的德育成为初中教育人才培养的必然目标，但是在实践教学中，仍有不少教师的传统教育理念根深蒂固，在开展教育时常常会忽视对学生的道德教育，自身也没有去提升师德。基于此，为了更好地培养新时代人才，教师必须要竭力树立师德理念，加强对初中生的道德教育。

参考文献

[1] 黄士锋. 以德服人才能更好地育人——浅谈师德的重要性 [J]. 当代家庭教育，2019（20）：30-31.

[2] 张昌明. 以德服人以爱育生——初中班主任德育心得关键要点 [J]. 中华少年，2019（19）：90.

第二部分 育人篇

用心育人，用情动人

河源市紫金县尔崧中学　黎　武

　　著名教育家陈鹤琴老先生说："没有教不好的学生，只有不会教的老师。"刚开始听到这句话时，我是极其不赞同的，因为刚做班主任不久的我清楚地知道，现在的学生很多都是家中的"皇帝"，被父母娇生惯养。但是十几年的班主任经历让我开始对这句话有了更深的理解：学生都是可以教好的，还可以让他变得更好。关键是看老师用不用心，有没有真正走进学生的内心深处，找到转变他的支点。

　　世界上的事，最怕"用心"二字，做学生工作亦是如此，只要我们平时细心观察、及时了解学生的动态，准确掌握他们在学校及家中的情况，就有了与学生交流的底气，同时也就更容易走进学生的心灵深处，让师生之间的那道屏障（隔阂）渐渐消失。让学生愿意与你交流，愿意与你交心，是成功教育的重要一步！

　　动之以情，晓之以理，苦口婆心总能换来真心相待。2010年是我任教九年级的第四个年头，仍是中途接班，又得重新掌握学生的情况，这也是中途接班最累的活。中途接班最考验的就是班主任的细心、用心程度，如果只是纯粹把学生顺利带到毕业而完成任务的话，那很简单，只要学生平安度过就行。如果想带好一个班，让学生的成绩能在最后一年提上去，那非得下苦功不可。

　　那一年，我接到这个陌生的班级，对学生的情况全然不知，只知道这个班是升上九年级后重组的。开学一周后，通过观察，我发现这班学生求知欲不强，无心向学的人较多。更让人费解的是，一个非常有潜质的学生——芳敏，竟然自暴自弃，无心向学！据了解，芳敏同学八年级第一学期时还是班上成绩较好的学生，后来因为家庭变故，成绩一落千丈。得知这个情况后，我便下定决心，要帮她从家庭失暖中走出来。为此，我做了很多前期工作，如与之前的老师、同学交谈，家访，上网查找关于家庭失暖生逆袭的实例等。充分掌握她的情况后，我开始不定期地找她谈心，有时在学校，有时去她家里，指出自暴自弃的危害。我还跟科任老师达成共识，在学校多关注她，尽量弥补她所缺失的那份爱，让她意识到我们在关心她，我们没有放弃她。

通过将近半学期的努力，芳敏同学终于下定决心：彻底摆脱家庭变故的困扰，把所有精力用在学习上。她开始每天早起背英语、语文、政治、历史等，晚上也努力学习，遇到不懂的问题第二天及时问老师。我经常找她谈心，看到她有进步就鼓励她，并联合科任老师不断激励她。她也看到了自己的付出所带来的成效，每次月考都有很大的进步，也更加坚定了努力学习的决心。第二学期，她顺利进入了年级前三十名，最后在升中考试时顺利进入了重点高中。老师的良苦用心终能得到学生的认可，转变她的同时，我也把她作为班级励志的榜样，其他同学也有很大的触动，班风、学风有了很大的转变，学习氛围逐渐变浓，最后中考考上高中的人数也比其他班多了不少。

其实只要老师用心，就能打开学生的心扉，进而改变他。2018年，海涛同学刚从东莞转学到我班，可能因为来自大城市，起初他表现得桀骜不驯，有些许轻狂，不把老师放在眼里。科任老师很是头痛，我找他谈话，他也是如此，从不正眼看老师。多次谈话无效，我便采取退守为攻的策略。我观察到，他比较看重自己的周测成绩，也很重视自己在班上的排名。经过与科任老师沟通，我们达成共识，准备从他的周测成绩入手，挫挫他的锐气。平时上课我们有意冷落他，他无心听课时暂且不理他，当他考得不理想的时候，我们就主动出击"数落"一下他，然后再找他谈心，指出他狂妄自大的缺点，引导他要虚心请教，脚踏实地地跟着老师的步伐走，不能由着性子不理会老师，要学会尊重老师及同学。通过几个星期的引导，海涛渐渐地融入班级当中，有问题也会及时到办公室问老师。同时，因为他的父母不在身边，我又时常找他谈话，关心他的生活，有时还帮他父母转生活费给他，这在无

第二部分　育人篇

形中就将我们俩的心拉得更近了。经过两年的相处，我逐渐成了他敬佩的"武哥"，他也在我的鼓励下考进了市重点高中。

又接了一个新班级，八年级的学生处于叛逆期，是初中阶段最难管理的。新班级不乏难管理的学生，其中国星可以以一当十，骑摩托车、打架等重大违纪总是少不了他，上课无心听讲、找同学说话等小的违纪也接连不断，他成了老师眼中的"捣蛋鬼"。国星是上届学生国枫的弟弟，起初我一直让他向姐姐学习，要努力考上高中，但一点效果都没有。于是我致电家长寻求帮助，家长说他在家很听话，只要不出什么事就好了，不强求他学习成绩好，这样的要求无疑太低了。有一次周五下午，我发现国星与一帮小混混在一起，我立即告知他的父母，要留意孩子的言行举止，并再一次就国星在校的表现和他们沟通，提醒他们平时放学要求他在规定时间回到家，周末要掌握他的行踪。周一返校后，我第一时间找到国星，再次提醒他不能跟那些小混混在一起，他们只会抽烟、喝酒、打架，混吃混喝，跟这样的人在一起会把自己给毁了。同时，我结合他最近两次的严重违纪扣分导致班级评不上文明班的事情与之交流，发现他有愧疚之意，便趁机建议他可以为班级多做些事来弥补自己给班级带来的损失，平时多帮老师管理班级事务，留意有可能给班级带来扣分的事情，主动承担班级的各项任务。此外，我还特意安排他打扫办公室，这也无形中让他跟老师有了近距离的接触。我还时不时地表扬他、鼓励他。国星开始有了求学的欲望，上课变认真了，考试有进步了，也得到了科任老师的表扬。

路漫漫其修远兮，教育之路还很漫长，我将会继续用心、用情、用功去引导更多的孩子走向更广阔的天空，去施展他们的才华，更好地服务社会！

自信成就梦想

河源市源城区源西中学　胡小玲

中国梦，是强国之梦，是民族复兴之梦。作为教师，教好书、育好人，努力培养社会主义事业合格建设者和可靠接班人，就能实现国家的强国之梦、民族的复兴之梦、老百姓的幸福之梦。

从教二十几年，我一直都怀揣这样的梦想——引导学生树立正确的人生观和价值观；帮助学生找到开启梦想的那把钥匙，点燃他们梦想的导航之灯，引领他们走向人生的美好未来，从而实现伟大的中国梦。

左手，右手

我曾经接手一个班级，课堂气氛非常活跃，学生都能勇于举手回答问题。可是有一个女生在热闹的课堂中显得郁郁寡欢，有些格格不入。

有一次上课，在课堂提问时，我故意点了她的名字。可当她怯怯地站起来时，其他同学都笑了，杂七杂八地说："老师，她不会的。"瞬间，这个女生的眼泪流出来了。

课后，我找到这个女生——小静，想走进她的内心。她向我哭诉：因为自己学习基础差，反应能力较慢，所以学习成绩一直较差。因此，同学们总是取笑她。从此，她总是一个人孤单地上学、放学。由于害怕同学嘲笑，也从来不敢在课堂上举手。

我内心万分感慨，问道："你的梦想是什么？"小静充满期待地说："我想和同学们一起快乐地玩耍，我也想在课堂上受到老师的表扬，得到同

学的尊重。老师，我可以吗？"

小静的故事让我想到了《左手，右手》这个故事。于是，我对她说："老师来帮你实现你的梦想。在课堂上，老师每次提问，你都可以举手。会的你就举左手，不会的你就举右手。这样，老师就知道该不该叫你了。好吗？"小静高兴地答应了。

在以后的课堂中，总能看到小静高高举起的手。当看到她举左手时，我就叫她回答，然后当着全班同学的面高声表扬她的进步和聪明才智。一段时间后，我发现小静举左手的次数明显比举右手的次数多了，成绩也比以前有了很大的进步。更重要的是，因为同学们并不知道我和她之间的秘密，都被她的进步、活跃表现征服了。从此，她融入了这个班级。看到她与同学们开心玩耍的身影，我开心地笑了。

其实，小静的变化原因很简单。在每一节课后，我都会告诉她："你有进步了。"通过对她不断的鼓励，让她看到自己的优点，从而使她增强信心。当一个人相信自己时，他就会变得很强大。

我要成为世界飞人

小华是我教的一个学生。他长得高高瘦瘦，看起来挺机灵的一个孩子。可他在老师的眼里却是个让人头疼的学生：迟到、旷课、打架。每次找他谈话，他总是用敌视的态度抗拒，让我束手无策。

通过谈话，我了解到小华叛逆的主要原因是自卑。他生活在单亲家庭，父母在他很小的时候就离婚了，他一直跟妈妈过着很艰难的生活。由于妈妈忙于上班，平时没有关心过他，也从来没有问过他的学习。他经常出入游戏厅，因此认识了很多不良的社会青年，逐渐染上了不良的行为习惯。

当一个人看不到希望、得不到肯定，他的世界肯定是黑暗的。我决定要帮帮小华。

从此，我细心观察小华的一举一动，适时鼓励他去做一些力所能及的事，当他完成后，我会高兴地告诉他："你真棒！"有了成就感，他自信了很多。有一次，我们学校举办校运会。我鼓励他报名参赛。他报了100米、200米两个短跑项目。经过努力训练，他获得了100米第一名、200米第二名的好成绩。赛后，我在班上极力地表扬了他，并告诉他：自信就能获得成功，你做到了。

有了成功感后，小华变得积极了好多。我趁热打铁，鼓励他参加学校的田径队。在代表学校参加源城区中学生运动会时，又在短跑项目上获得了很好的成绩。

接二连三的骄人成绩，让小华看到了希望，他开始变得自信。他再也不迟到、不旷课、不打架了，还骄傲地对我说："老师，我要成为世界飞人！"

我开心地笑了。我的不放弃，成就了一个学生的梦想。

每位学生都有天真、纯洁、简单的梦想，但如果教师不够细心、不够关心，这些梦想就可能永远都没有实现的一天，这些孩子就可能永远生活在自卑、痛苦和渴望当中。

我们常说："十年树木，百年树人。"教育工作是辛苦的，教师每天都进行着大量平凡琐碎的工作，日复一日，年复一年，备课、上课、管理班级……但是，我们应该立足现今、着眼未来，以苦为乐、甘于寂寞、勤勤恳恳。教师是辛勤的园丁，教师是燃烧的蜡烛，教师是人梯……教师的工作就是奉献。让我们牢记学无止境，为人师表；让我们用行动去播撒爱；让我们用爱去培育心灵；让我们站在学习落实中国梦的高度，在教育、教学的工作实践中，用高标准的师德情操规范自身的行为，提高自身的素质；让我们在平凡的岗位上，发挥出不平凡的作用。学习中国梦，做合格的人民教师，做师德高尚的人民教师！

在以后的教书生涯，我将继续耕耘我的梦想，也让学生的梦想飞得更高！

走在乡间的小路上

——家访随笔

河源市江东新区临江中学　简莉玲

万物复苏的季节，乡间的小路上长满了野花，红的、黄的、白的、紫的，每种色彩都应该盛开，每位学生都应该有未来。

我是乡镇学校一名普通的教师，学生生源良莠不齐。为了解学生情况，找明学生性格背后的原因，家访成为我与学生家长沟通的桥梁。

乡间灿烂的野菊花

我班上有位性格很腼腆但是做事很认真的女生小婷，令我印象深刻的是每次轮到他们组值日，黑板、桌子、地面都是干干净净的，最令我惊讶的是凳子。学校每天下午下课的时候做班级卫生，学生下课后会把凳子放在桌子上，但只有小婷每次打扫完都会认真地、一个一个地将同学的凳子搬下来。

这是一个认真努力到从不停歇、浑身散发着生命力的学生。她的成绩并不算好，我也时常看见她花费大量时间试图钻研一道普通题型。这周我拿着学生的家庭地址，前往了小婷的家。在我的印象里，小婷的性格应该是遗传父母，同样认真努力。但很遗憾，我来到小婷的家中得知小婷父母还在牌桌上，只有小婷的奶奶和小婷姐弟在家。

我到的时候小婷正在做午饭，她才上初中，但做饭的样子瞧着十分熟练。见到我时她似乎不敢相信，腼腆羞涩地招呼我一起吃午饭。我和小婷的奶奶聊了聊小婷在学校的情况，言辞中很是夸赞她的认真、努力、勤劳。小婷奶奶也表示这孩子手脚麻利，干活很利索。我又聊到小婷的学习规划，来时我依照小婷的情况特地做了一份详细的学习计划表，对于语、数、外等重点知识也特地圈出来，试图让小婷在这关键时刻能好好学习。

"学啥子哦，小婷把今年读完就不读了，和她冰冰姐去广州打工学做衣服。"小婷奶奶的话让我陷入沉默，我又仔细了解了这个村，发现村里的确没看见比小婷还要大的女孩子，这些孩子接受义务教育后都背着行囊前往外地打工。小婷也似乎早已知道结局。我试图用读书改变命运、读书使人明智的道理来说服小婷的家人，但效果并不好。

家访结束后，小婷还是以往认真努力、刻苦学习的模样。看着她，我想起了家访走过的乡间小路，路边盛开着灿烂的野菊花。在期末考试结束后，我送给小婷一份野菊花标本礼物，上面写着我对她的寄语，希望她像野菊花一样，未来也能与命运做不屈不挠的斗争，永远灿烂、怒放。

后来，我接到了小婷的手写信，在信中她表示知道了野菊花的象征，知道我对她的关心爱护，也知道了学习的重要性。在信中，她告诉我她买了很多书，也准备去学一门手艺，并表示过年会回到学校来看看我。我很感动。路过食堂时，我发现墙角不知何时生出一朵开得正灿烂的黄白色野菊花。

乡间明亮的向日葵

我班上有个男生叫小周，平日里惯会跟着老师起哄，教师们都对他又爱又恨。小周身上有很多初中学生拥有的品质，他爱笑爱闹、性格活泼、喜欢热闹。这周六我前往小周家访的路上看见路边有一块种满了向日葵的田地，金黄的花开得十分明亮灿烂。

在家访之前，我以为小周在家里应该和他在学校一样，话痨、爱热闹，有说不完的话。但直到被沉默的小周带到家中后，我才明白：小周的父母早早就出去打工了，这是乡镇绝大部分父母的缩影，他们为了孩子的学费、生活费，忙到年末才有时间回来一趟，回来过个年又再次奔向大城市。小周寄住在舅妈和外婆家中，和自己还在读小学一年级的小表弟挤在一间房里。见到我来他朝我眨眨眼，但是面对亲戚时较为沉默。

我说明家访的来意并谈论起小周的学习、生活，说他是班级里的开心果，班上每个人都喜欢他；说他性格开朗活泼，为人热情，对待朋友、同学也十分仗义；说他学习成绩还有进步的空间；等等。但我说了那么多，小周的外婆和舅妈没有夸他一句，反而十分在意小周的成绩。小周的成绩称不上好，数学、英语常常不及格。小周的外婆和舅妈表示，肯定是孩子笨、学习不用功，天生就不会读书。

我借几个例子向小周的家人说明家校共育的重要性，又表示家长可以多多夸赞孩子、鼓励孩子，以此激励孩子的自信心。我离开时小周心情有些不好，我指着他们栽种在院子里的两朵向日葵说："在老师心目中，你就跟向日葵一样，明亮阳光、热爱生活、大方勇敢。老师相信你也能成为像向日葵一样自信阳光的人。"小周羞涩的同时又十分开心，并表示他会和向日葵一样，做个永远追逐太阳的人。

走在家访的乡间小路上，无论什么季节都开着灿烂的野花，有怒放的野菊花，有明亮的向日葵，有艳丽的紫云英，有顽强的四叶草。白的、黄的、紫的、绿的，每一种花都有独特的色彩，都有独一无二的盛开方式。

每位学生都像花儿一样，有色彩、有希望、有未来。